贴近生活 ● 语言规范
内容丰富 ● 实用帮手

大家一起从**早**到**晚**说俄语

最简俄语语法基础

主　编　陈国亭　申　影
副主编　高　昆　兰巧玲

U0424683

哈尔滨工业大学出版社
HARBIN INSTITUTE OF TECHNOLOGY PRESS

图书在版编目(CIP)数据

最简俄语语法基础/陈国亭主编.—哈尔滨:
哈尔滨工业大学出版社,2011.6
ISBN 978－7－5603－2879－9

Ⅰ.①最… Ⅱ.①陈… Ⅲ.①俄语–语法
Ⅳ.①H354

中国版本图书馆 CIP 数据核字(2011)第 107138 号

责任编辑	甄淼淼
封面设计	刘长友
出版发行	哈尔滨工业大学出版社
社　　址	哈尔滨市南岗区复华四道街 10 号　邮编 150006
传　　真	0451－86414749
网　　址	http://hitpress.hit.edu.cn
印　　刷	东北林业大学印刷厂
开　　本	787mm×960mm　1/16　印张 7.25　字数 200 千字
版　　次	2011 年 6 月第 1 版　2011 年 6 月第 1 次印刷
书　　号	ISBN 978－7－5603－2879－9
定　　价	20.80 元

(如因印装质量问题影响阅读,我社负责调换)

近年来,随着中俄两国关系的进一步发展,特别是中国俄语年的举行,学习俄语的人越来越多,这样,就急需一本以最精炼的方式介绍俄语基础语法知识的读本。为了满足俄语初学者了解俄语基本语法知识的迫切需要,我们编写了这本《最简俄语语法基础》。

俄语是屈折语,十大词类中有六种词是有变化的,而且个别词类(如名词、动词)变化非常复杂,要组成一个句子,往往要瞻前顾后,前后照应,形式上的对应关系往往使初学者望而却步。所以,为了很好地帮助初学者尽快了解并掌握俄语语法基本知识,教学中讲解时就需要对纷繁的俄语语法规则进行必要的取舍,那些比较少用的基础学习阶段很难碰到的语法规则可以删去不讲,而对那些在初级阶段就必须知道的词变化和构句规则就必须做精要的讲解。本书内容分为构词和词变化规则、词组合(词的使用)规则和造句规则四个部分。构词规则讲词的最基本构造形式,并附以大量的实例,以使学习者可以在学习构词规则时记忆最基本词的词义,掌握俄语中最基本的词汇。词变化规则讲解可变化词的基本形式及基本使用场合。词组合(词的使用)规则介绍各类词如何组合和搭配,在搭配时怎样变化,形式上怎样协调,掌握了词组合规则就能进行基本的造句前操作。造句规则揭示词和词组合是怎样成为句子的,词和词或词组合怎样搭配才能成为一个语法上正确的句子。在本书整个讲解中突出最简原则和实践第一原则,努力做到以最少的学习时间获得最大的学习效果。编写本书的基本做法是,组词造句必不可少的语法规则精讲多练、例证充分,摒弃那些艰深难懂不好掌握的理论术语,代之以最通俗易懂的讲解。我们相信,俄语初学者在通读并掌握了本书的俄语基本语法知识后,可以打下一个良好的俄语组词造句基础。

由于我们水平有限,书中疏漏和不足之处在所难免,希望读者给我们提出批评和修改意见,以便再版时得以纠正。

主编联系地址:572022,海南三亚市三亚学院外语分院　陈国亭
联系电话:(0898)88386799
电子信箱:cgt20032001@yahoo.com.cn

编　者
2011 年 5 月

目 录

概 述 //1

§1 俄语构词法 //2

 Ⅰ 简单词构词方法 //2

  一、加前缀法 //2

  二、加后缀法 //3

  三、加尾缀法 //5

  四、加前缀、后缀法 //6

  五、加前缀、尾缀法 //6

  六、加后缀、尾缀法 //6

 Ⅱ 复合词构词方法 //6

  一、合干法 //6

  二、融合法 //7

  三、复合缩写法 //7

  四、词类转化构词法 //7

  五、词素的语音交替和变体 //8

§2 俄语词汇体系 //9

 Ⅰ 名 词 //9

  一、名词的性 //9

  二、名词的数 //10

  三、名词的格 //12

 Ⅱ 形 容 词 //17

Ⅰ

一、形容词的变格及分类 //18
二、性质形容词的长、短尾形式 //20
三、性质形容词的比较等级形式 //22

Ⅲ 动　词 //25
一、动词的时 //25
二、动词的式 //30
三、动词的体 //32
四、动词的态 //34
五、形动词和副动词 //34
六、定向动词和不定向动词 //40

Ⅳ 代　词 //41
一、代词的变格 //41
二、代词的用法 //43

Ⅴ 数　词 //45
一、定量数词 //45
二、不定量数词 //48
三、顺序数词 //49
四、世纪、年、日、钟点和年龄的表示法 //51

Ⅵ 副　词 //52
一、副词的意义类别 //52
二、副词的比较级和最高级 //54
三、谓语（述谓）副词 //54

Ⅶ 前　置　词 //56
一、常用前置词 //56
二、常用前置词的用法 //58

Ⅷ 连接词、语气词、感叹词 //70
一、连接词 //70
二、语气词 //70
三、感叹词 //72

§3 俄语词的组合方式　//74

一、名词 + 名词　//74
二、形容词 + 名词　//75
三、代词 + 名词　//76
四、数词 + 名词　//76
五、动词 + 名词　//76
六、副词 + 动词　//78
七、副词 + 形容词　//78
八、形容词 + 动词　//78

§4 俄语句子的构成　//79

一、俄语句子按说话目的分类　//79
二、俄语句子的结构成分　//80
三、只有一个主要成分的句子　//83
四、复合句　//85

1. 连接词 и　//85
2. 连接词 и...и..., ни...ни...　//86
3. 连接词 тóже, тáкже, не тóлько...но и　//86
4. 连接词 а　//87
5. 连接词 но, однáко　//87
6. 连接词 да　//88
7. 连接词 тóлько　//89
8. 连接词 а тó, а не тó, не тó　//89
9. 连接词 и́ли(и́ли...и́ли), ли́бо(ли́бо...ли́бо)　//89
10. 连接词 тó ли...тó ли, не тó...не тó　//90
11. 连接词 то...то　//90
12. 连接词和联系用语 что　//90
13. 连接词 чтóбы　//91
14. 连接词 ли　//93
15. 联系用语 котóрый　//93

Ⅲ

16. 联系用语 какóй　//94

17. 联系用语 кто　//94

18. 联系用语 чей　//95

19. 联系用语 где, кудá, откýда　//95

20. 时间连接词 когдá　//96

21. 时间连接词 покá　//97

22. 时间连接词 с тех пор как, пóсле тогó как, как тóлько　//98

23. 时间连接词 до тогó как, прéжде чем, пéред тем как　//98

24. 条件连接词 éсли　//98

25. 条件连接词 раз　//99

26. 条件连接词 éсли бы　//99

27. 原因连接词 потомý что　//100

28. 原因连接词 так как　//100

29. 原因连接词 благодаря́ томý что, из-зá тогó что, оттогó что　//101

30. 让步连接词 хотя́　//101

31. 联系用语 кто（что, кудá, когдá, как, скóлько）+ ни　//101

32. 行为方法、程度度量连接词 так...（настóлько...）（такóй...）, что　//102

33. 程度连接词 так...чтóбы　//103

34. 行为方法连接词 так...как　//103

35. 比较连接词 так...（как）бýдто, так...слóвно　//104

36. 比较连接词 как,（как）бýдто, слóвно, тóчно, чем　//104

37. 结果连接词 так что　//105

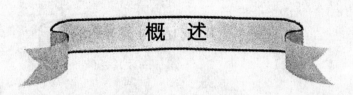

概 述

最简俄语语法基础主要包括四个方面:1)俄语构词法;2)俄语词汇体系;3)俄语词与词的组合;4)俄语句子的构成。

词的构成方法分为简单词构成方法和复合词构成方法。其中简单词的派生主要靠在词根前后加词缀,复合词则主要借助合成法、加中缀法、融合法以及复合缩写法等方法构成。掌握这些构词方法对认识词和增加词汇量有直接的好处。

俄语中有十大词类,即名词、形容词、数词、代词、动词、副词、前置词、连接词、语气词、感叹词。其中,名词、形容词、数词、代词、动词是有词形变化的词类,副词、前置词、连接词、感叹词是无词形变化的词类。俄语中词与词的组合有自身的规律,主要是通过从属词的词形变化和词之间的语义关系来表达。由于有词形变化的词类占了俄语总词汇量的大部分,所以掌握词形变化至关重要。

俄语的句子按说话目的划分有陈述句(陈述事实)、疑问句(提出问题)和祈使句(表示意愿)。句子的构成成分有主要成分(主语、谓语)和次要成分(补语、定语、同位语、状语)之分。句子按结构划分有简单句和复合句。简单句是只含有词之间句法联系的句子。根据句中主要成分的数量,简单句分为双部句和单部句。双部句是可以划分出主语和谓语的句子。单部句是只有一个主要成份的句子。复合句则由简单句(借助连接词或无连接词)组合而成。带连接词的复合句分为并列复合句和主从复合句。要弄懂复合句的使用,关键在于弄清不同的连接词的意义和用法。

§1 俄语构词法

俄语中,一部分词只含有表达基本词汇意义的部分,即词根,如 стол(桌子),хлеб(面包)等。而绝大部分词除词根外,还有表示附加词汇意义或语法意义的词缀,即前缀、后缀、中缀、尾缀、词尾。其中词尾是词的变化部分,用来表示词的语法意义,如性、数、格、体、式、时间等,而前缀、后缀、中缀、尾缀则多用来构成新词。

俄语的词中,含有一个词根的叫简单词。简单词中新词的构成主要借助:加前缀法,加后缀法,加尾缀法,加前缀、后缀法,加前缀、尾缀法,加后缀、尾缀法。而含有两个或多个词根的词叫复合词。复合词一般借助合干法(可通过中缀 о、e)、融合法、复合缩写法构成。另外,通过词类转化或词义转化也可以构成新词。

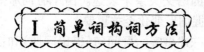

一、加前缀法

前缀就是词根前的词缀。加前缀构成新词,一般给词带来附加意义,有时完全改变词义。构词前缀主要有:без(безъ,бес);в(во,въ);вы;за;из(изо,изъ);на;над(надо,надъ);не;ни;о(об,обо,объ);от(ото,отъ);пере;по;под(подо,подъ);пре;пред(преди,предо,предъ);при;про;раз(разо,разъ,рас);с(со,съ);у。如:

безбе́дный(小康的),безде́йствовать(无所事事);
безъязы́чный(不能说话的);
бескро́вный(贫血的,没有血色的),бесполе́зный(徒劳无益的);
внести́(拿入),входи́ть(进入);
вобра́ть(吸收,吸取),войти́(进入);
въезжа́ть(驶入〈未〉),въе́хать(驶入〈完〉);
вы́думать(想出),вы́звать(叫出),вы́играть(获胜),вы́нести(取出),вы́пи-

сать(摘录);
　　забра́ть(取走),заду́мать(打算),запе́ть(开始唱),записа́ть(记录下来);
　　избежа́ть(逃避),изгла́дить(磨灭,使消失),изгна́ть(驱逐);
　　изогну́ть(使弯曲),изобрести́(发明);
　　изъе́здить(乘车、船等走遍),изъяви́ть(表示,表明);
　　наду́мать(拿定主意),назва́ть(命名),написа́ть(写完);
　　надба́вить(增加),надба́вка(增加);
　　надоеда́ть(厌烦),надое́дливый(讨厌的);
　　негро́мкий(声音不高的),незави́симый(独立的),непра́вильный(不正确的);
　　нигде́(任何地方都不……),никогда́(永远不);
　　обвари́ть(烫伤),обвини́ть(控告),обобра́ть(骗光,全部拿走);
　　объеда́ть(吃光),объедни́ть(团结,联合),объе́кт(目标,对象,客体);
　　отба́вить(减去);отомсти́ть(报仇;报复),отъехать(乘车马走开);
　　перебежа́ть(跑过),переби́ть(打断话头),перенести́(挪走),переписа́ть(重写);
　　побежа́ть(跑起来),поговори́ть(谈谈),поигра́ть(玩一会);
　　подня́ть(抬起,举起),подобра́ть(选择),подойти́(走近);
　　превзойти́(占优势),прекра́сный(非常美丽的),преобразова́ть(改变);
　　предисло́вие(序),предназна́чить(预先指定),предостере́чь(警告);
　　пригото́вить(准备好),принести́(拿来),приходи́ть(来到);
　　проду́мать(仔细考虑),прозва́ть(给……外号),проигра́ть(输),прописа́ть(登记);
　　разба́вить(冲淡),разби́ть(打碎),разъедини́ть(分开);
　　связа́ть(捆上,使结合),сойти́(走下),списа́ть(抄录),съе́хать(驶下);
　　убежа́ть(跑开),улови́ть(捕到),уходи́ть(离开)。

二、加后缀法

后缀是词根后(词尾前)的部分。加后缀可以构成许多词类的词。
1)构成名词的后缀主要有:ик(ник),чик;изм;ист;ни(е)/ень(е)/ени(е)/;тель(итель)/тельниц(а)/;ость(ность);от(а);ств(о)/еств(о)/;。如:
　　передово́й — передови́к(先进工作者),
　　рабо́тать — рабо́тник(工作人员),
　　лета́ть — лётчик(飞行员),

переводи́ть — перево́дчик(翻译人员);
комму́на — коммуни́зм(共产主义) — коммуни́ст(共产党员);
вдохнови́ть — вдохнове́ние(灵感),
пережива́ть — пережива́ние(心境、感受);
петь — пе́ние(歌唱),
осла́бить — ослабле́ние(衰弱),
страда́ть — страда́ние(痛苦);
печь — пече́нье(饼干);
воспита́ть — воспита́тель(-ница)(教育者),
получа́ть — получа́тель(-ница)(收件人),
спаса́ть — спаса́тель(-ница)(救生者,救生船),
спасти́ — спаси́тель(-ница)(救星);
учи́ть — учи́тель(-ница)(教师),
бо́дрый — бо́дрость(朝气),
гото́вый — гото́вность(愿意;备妥),
бы́стрый — быстрота́(急速);
производи́ть — произво́дство(生产),
студе́нт — студе́нчество(大学生们)。

2) 构成形容词的后缀主要有:ив(лив);чив;к;н;енн;ск(еск)。如:
дождь — дождли́вый(多雨的),
тала́нт — тала́нтливый(多才多艺的),
торопи́ть(ся) — торопли́вый(性急的);
дове́рить — дове́рчивый(轻信的);
гром — гро́мкий(声音大的);
вкус — вку́сный(可口的),
во́здух — возду́шный(空中的);
вчера́ — вчера́шний(昨天的),
вы́ход — выходно́й(出去的);
убеди́ть — убеди́тельный(有说服力的);
госуда́рство — госуда́рственный(国家的);
а́втор — а́вторский(作者的), друг — дру́жеский(友好的), Москва́ — моско́вский(莫斯科的)。

3) 构成动词的后缀主要有:а;ива(ыва);ова(изова,ирова,изирова);е;и;ну;нич。如:

за́втрак — за́втракать(吃早饭),
ви́деть — ви́дывать(多次看见);
вы́здороветь — выздора́вливать(恢复健康),
уче́сть — учи́тывать(考虑到);
план — плани́ровать(定出计划);
здоро́вый — здорове́ть(健壮起来),
сла́бый — слабе́ть(变虚弱);
ра́на — ра́нить(使受伤);
кре́пкий — кре́пнуть(巩固起来),
маха́ть — махну́ть(挥动);
сапо́жник — сапо́жничать(当鞋匠)。

4) 构成副词的后缀主要有:е;и;о;ой(-ою);ом。如:
и́скренний — и́скренне(诚恳地),
ожида́ющий — ожида́юще(期待地);
вся́ческий — вся́чески(千方百计地),
дру́жеский — дру́жески(友好地);
да́вний — давно́(老早),
сме́лый — сме́ло(勇敢地);

ой(ою):зима́ — зимо́й(зимо́ю),пора́ — поро́й(поро́ю)(有时)(ою 形式主要用于诗歌中);

ом:круг — круго́м(周围),миг — ми́гом(刹那间)。

另外,后缀中还有一种用于构形的,即构成词的具体语法形式的后缀,如构成形容词和副词的比较级形式的后缀(краси́вый — краси́вее),构成各类形动词、副动词的后缀等。通过构形后缀构成的词的语法形式,除特殊者外,一般在词典中没有反映,所以必须单独掌握。除了加后缀之外,有的词(如动词、形容词)还通过去掉后缀来构成新词,如:крича́ть — крик(喊声),подходи́ть — подхо́д(走近;立场),си́ний — синь(蓝色),ти́хий — тишь(寂静)。

三、加尾缀法

尾缀是在词尾后出现的词缀,在词干后(有词尾则在词尾后)加尾缀可用来构成新词,如:мыть(洗) — мы́ться(洗澡),перепи́сывать(重写) — перепи́сываться(通信),подня́ть(举起) — подня́ться(站起来);где(在哪里) — где-то(某地),кто(谁) — кто-либо(随便谁),что(什么) — что-нибудь(随便什么),等。

四、加前缀、后缀法

将前缀和后缀同时加在词根或词干上构成新词，如：стол(伙食) — застольный(用餐时的)，стол(桌子) — настольный(桌上的)，ухо(耳朵) — наушник(耳机)。

五、加前缀、尾缀法

在词根或词干上同时加前缀和尾缀来构成新词，如：бежа́ть — разбежа́ться(跑散)，говори́ть — договори́ться(约定)，говори́ть — оговори́ться (失言)，говори́ть — проговори́ться (说走嘴)，говори́ть — сговори́ться (商谈)，есть — нае́сться(吃够)，сесть — усе́сться(坐定)，спать — вы́спаться (睡够)，чита́ть — зачита́ться (读书入了迷)。

六、加后缀、尾缀法

在词根或词干上加后缀和尾缀来构成新词，如：го́рдый — горди́(ть)ся(以……自豪)，нужда́ — нужда́(ть)ся(需要)。

注：нужда́ 里的 a 是词尾，是词的变化部分，而 нужда́ться 里的 a 是后缀，不是词的变化部分，两者同音是一种巧合。

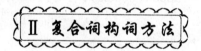

Ⅱ 复合词构词方法

一、合干法

由两个词根或词借助中缀 о、е 等(或加后缀)构成复合词，如：
мир(世界)，хозя́йство(经济)→мирохозя́йственный(世界经济的)；
мя́со(肉)，руби́ть(剁)→мясору́бка(绞肉机)；
пар(蒸汽)，ход(走)→парохо́д(轮船)；
яйцо́(蛋)，проду́кт(食品)→яйцепроду́кт(蛋制品)。
也有不通过中缀构成复合词的情况，书面上有些需加连字符，有些不加，如：
меч-ры́ба(剑鱼)；
микро-ЭВМ(微型电子计算机)；
план-гра́фик(进度计划)；премье́р-мини́стр(总理)；
шеф-реда́ктор(主任编辑)；

вольтме́тр(电压表);
Ленингра́д(列宁格勒);
радиоте́хника(无线电技术);

二、融合法

用一个词组或词的组合来构成新词,新词中各组成部分之间原有的语法关系保持不变,这种构词方法叫融合法。如:

сей час → сейча́с;

сего́ дня → сего́дня;

сойти́ с ума́(发疯)→ сумасше́дший(疯子);

с нача́ла → снача́ла(起初)。

三、复合缩写法

由词组各词中取某一部分组成新词,称为复合缩写法。

1)取每个词(或词干)的第一个字母,如:

вы́сшее уче́бное заведе́ние → вуз(大学);

гидроэлектри́ческая ста́нция → ГЭС(水力发电站);

Кита́йская Наро́дная Респу́блика → КНР(中华人民共和国)。

注:此类复合缩写词中有些现已可以直接拼读,如:вуз,ГЭС,ТАСС(塔斯社),而不是将各个字母分别按字母名称读。有些已可以变格,如:БАМ(贝阿干线),БАМа,БАМу…;вуз,вуза…;рик(区执委会),рика…。

2)取每个词的起始音节或词段,如:коммунисти́ческий сою́з молодёжи → комсомо́л(共青团),нача́льник канцеля́рии → начка́нц(办公室主任),сове́тское хозя́йство → совхо́з(国营农场)。

3)取词组中前面词的开首音组及最后一个词的整词,如:де́тский дом → детдо́м(保育院),техни́ческая по́мощь → техпо́мощь(技术援助)。

四、词类转化构词法

某些词或词的语法形式可以通过词类属性转化而构成新词,这里基本有三种情况:

1)由形容词转化为名词。这时,该词同时具有了名词的固定的性,如больна́я(女病人),больно́й(男病人),на́бережная(沿岸街)〔阴性〕,учёный(学者,科学家)〔阳性〕,等。

这里,所谓该类词具有名词固定的性,以учёный为例,指的是由于本词是阳

性名词,因而在表示女性的时候,不像形容词那样变为阴性形式。试比较:

Она извéстный учёный. 她是一位知名学者。

Она считáлась одни́м из выдаю́щихся учёных. 她被认为是杰出的学者之一。

2) 由形动词转化为名词,并具有名词固定的性,可以被形容词修饰,如:形动词 учáщийся(学习,受训练)→名词 учáщийся(男学生)〔阳性〕,учáщаяся(女学生)〔阴性〕,нóвый учáщийся(男新生)。

3) 由形动词转化为形容词,这时使用范围和词义也可能有所变化。试比较: знáющий 现在时主动形动词(知道,掌握) — человéк, не знáющий стрáха в борьбé(在斗争中不知道害怕的人) → 形容词(富有学识的,高明的) — знáющий человéк(富有学识的人), знáющий руководи́тель(高明的领导者); уважáемый 现在时被动形动词(被尊敬的) — учи́тель, уважáемый всéми ученикáми(被所有学生尊敬的老师) → 形容词(敬爱的) — уважáемый товáрищ председáтель(敬爱的主席同志)。

五、词素的语音交替和变体

从构词法角度来说,词根和各个词缀(前缀、后缀、中缀、尾缀、词尾)都是词素。在构词过程中,由于语音上的需要,词素中可能有语音交替现象和变体(即不同形式)现象。

1) 语音交替举例

старýха(老太婆) — старýшка, страх(恐惧) — стрáшный(可怕的)〔х-ш〕

кни́га(书) — кни́жный(书的), ногá(脚) — нóжка(小脚;腿儿)〔г-ж〕

кричáть(喊叫) — крик(喊声), рекá(河) — рéчка(小河)〔к-ч〕

отéц(父亲) — отéчество(祖国), пти́ца(鸟) — пти́чий(鸟的)〔ц-ч〕

освободи́ть(解放) — освобождáть, охлади́ть(冷却) — охлаждéние(冷却)〔д-жд〕

мéсто(地方) — помещéние(处所,房间)〔ст-щ〕

отвéтить(回答) — отвечáть(回答), защити́ть(保护) — защищáть(保护)〔т-ч,т-щ〕

друг(朋友) — дрýжба(友谊) — друзья́(朋友)【复数】〔г-ж,г-з〕

2) 词素变体举例

ид-ти́ — ид-ý — шё-л — ш-л-а — шéд-ш-ий(走);

нéбо — небесá(天空);

собрáть — собирáть — сбор(收集);

странóй — странóю(国家)。

§2 俄语词汇体系

I 名词

名词是表示事物的词类,有性、数、格的形式和数、格变化。

一、名词的性

名词分阳性、阴性和中性。其他词如形容词、代词与名词搭配时必须在性上(还有数和格上)一致。区别名词性的依据是词的结尾形式,具体参见下表:

名词的性	词结尾形式
阳性	辅音字母和-й,-ь
阴性	-а,-я,-ь
中性	-о,-е(ё),-мя

1. 阳性名词

阳性名词以辅音字母结尾的,如:го́род(城市),магази́н(商店),стол(桌子),суперма́ркет(超市),това́рищ(同志)。

以-й结尾的,如:геро́й(英雄),Кита́й(中国),май(五月),музе́й(博物馆),трамва́й(有轨电车)。

以-ь结尾的,如:гость(客人),календа́рь(日历),конь(马),сле́сарь(钳),слова́рь(词典)。

注:少数以-а,-я结尾的表人名词指称男性,属于阳性名词,如:дя́дя(叔叔、舅舅),мужчи́на(男人),па́па(爸爸),Серёжа 谢廖沙(男孩名),судья́(法官;裁判员)。

2．阴性名词

阴性名词以-a 结尾的，如：больни́ца（医院），гости́ница（宾馆），у́лица（街道）。

以-я 结尾的，如：делега́ция（代表团），дере́вня（村庄），чита́льня（阅览室）。

以-ь 结尾的，如：боль（疼痛），дочь（女儿），любо́вь（爱情），мать（母亲），по́мощь（帮助），тетра́дь（笔记本）。

以-ь 结尾的名词，有的属于阳性名词，有的属于阴性名词，有的须——记忆（见上面例词），在此不再赘述。有的可以根据某种标记或通过词义等特征加以识别，如：以-тель 结尾或表示月份的为阳性。以-ность，-знь，-жь，-чь，-шь，-щь 结尾的为阴性（例词见上）。

3．中性名词

中性名词以-о 结尾的，如：де́рево（树），крыло́（翅膀），о́блако（云），перо́（羽毛），письмо́（信），я́блоко（苹果）。

以-е(ё) 结尾的，如：зда́ние（楼房），зна́ние（知识），по́ле（田野），се́рдце（心脏），сча́стье（幸福），чутьё（嗅觉；辨别力）。

以-мя 结尾的，如：вре́мя（时间），зна́мя（旗），и́мя（名字）。

4．缩写词的性

缩写词一般根据中心词确定性属，如：**ВАЗ**（Во́лжский автомоби́льный заво́д）伏尔加汽车厂 — 阳性，**ГУМ**（Госуда́рственный универса́льный магази́н）国营百货商店 — 阳性，**ЕГЭ**（Еди́ный Госуда́рственный Экза́мен）国家统一考试 — 阳性，**МНР**（Монго́льская Наро́дная Респу́блика）蒙古人民共和国 — 阴性，**СПИД**（Синдро́м приобретённого иммуно дефици́та）艾滋病 — 阳性，**ВАК**（Вы́сшая аттестацио́нная коми́ссия）最高学位评定委员会 — 阴性，**ВТО**（Всеми́рная торго́вая организа́ция）世贸组织 — 阴性，**ЭП**（Электро́нная по́чта）电子邮件 — 阴性，**ДСО**（Доброво́льное спорти́вное о́бщество）志愿体育协会 — 中性，**ЕЭС**（Европе́йское экономи́ческое соо́бщество）欧洲经济共同体（欧洲共同市场）— 中性，**ОКРД**（О́бщество кита́йско-росси́йской дру́жбы）中俄友好协会 — 中性，**СП**（совме́стное предприя́тие）合资企业 — 中性。

某些缩写词是按新组成词的结尾字母并根据名词的定性原则来定性的（这类词的特点是可以拼读），如：**МИД**（Министе́рство иностра́нных дел）外交部 — 阳性（按中心词应是中性），还有 **ВУЗ**（大学）等词已同普通名词一样，有数和格的变化。

二、名词的数

1．大多数名词都有单数和复数两种形式，区分名词单复数也依靠词尾，具体参见下表：

名词的性	单数词尾形式	复数词尾形式
阳性	辅音字母(-г、-к、-х、-ж、-ч、-ш、-щ 除外)	加-ы
	-г、-к、-х、-ж、-ч、-ш、-щ	加-и
	-й、-ь	改-и
阴性	-а	改-ы
	-га、-ка、-ха、-жа、-ча、-ша、-ща、-я、-ь	改-и
中性	-о、-же、-че、-ше、-ще、-це	改-а
	-е、-ё(-же、-че、-ше、-ще、-це 除外)	改-я
	-мя	改-мена

例词如下：

завóд — завóды(重工业工厂)

шаг — шагú(一步)

стук — стýки(敲门声)

фáбрика — фáбрики(轻工业工厂)

свечá — свéчи(蜡烛)

стих — стихú(诗歌)

нож — ножú(刀)

врач — врачú(医生)

карандáш — карандашú(铅笔)

товáрищ — товáрищи(同学)

герóй — герóи(英雄,主人公)

словáрь — словарú(词典)

лáмпа — лáмпы(灯)

чáша — чáши(大碗,圆形容器.)

тётя — тёти(姑;姨)

óвощь — óвощи(蔬菜)

письмó — пúсьма(信)

учúлище — учúлища(专门性的学校)

полотéнце — полотéнца(毛巾)

предприя́тие — предприя́тия(企业)

имя — имена(名字)

2. 只有单数的名词

只有一个或无法明确计数的词一般只有单数形式,该类名词包括:

1)专有名词。如:Владимир(弗拉基米尔[男人名]),Волга(伏尔加河),Москва(莫斯科),Пекин(北京)。

2)集合名词。如:интеллигенция(知识分子),мебель(家具),молодёжь(青年),обувь(鞋),посуда(器皿)。

3)物质名词。如:вино(酒),масло(黄油),молоко(牛奶),ткань(布)。

4)抽象名词。如:зло(恶),красота(美丽),любовь(爱情)。

5)某些蔬菜和浆果。如:морковь(胡萝卜),картофель(土豆),чеснок(蒜),земляника(草莓),виноград(葡萄)。

3. 只有复数的名词

有些名词只有复数形式没有单数形式,该类名词包括:

1)表示由两个或几个部分组成的物品名称。如:брюки(裤子),весы(秤),ворота(大门),ножницы(剪子),перчатки(手套),санки(雪橇),часы(表)。

2)某些表示物质材料名称的词。如:белила(白色颜料),духи(香水),консервы(罐头),чернила(墨水)。

3)某些表示时间的名词。如:будни(平日),каникулы(假期),сутки(昼夜),сумерки(黄昏)。

4)某些表人集合名词。如:дети(孩子们),люди(人们),родители(父母)。

5)某些表示钱款总合的名词。如:деньги(钱),средства(资金;经费)。

三、名词的格

1. 名词的格变化

名词的格与数结合一起变化,有单数6格和复数6格。

名词词尾具体变格形式参见下表:

数	格	中性	阳性	中性	阳性	中性	阴性			
单数	一	-мя	辅音	-о	-й	-ь	-е	-ие	-а	-я	-ия	-ь
	二	-ени	-а		-я		-ы	-и	-ии	-и
	三	-ени	-у		-ю		-е	-е	-и	-и
	四	同一	同一或二	同一	同一或二	同一	-у	-ю	-ию	-ь
	五	-енем	-ом		-ем(-ём)		-ой	-ей	-ией	-ью
	六	-ени	-е		-е	-ии	-е	-е	-ии	-и

§2 俄语词汇体系

数	格	中性	阳性	中性	阳性	中性	阴性	
复数	一	-ена	-ы(-и)、-а		-и、-я	-я	-ия	-ы、-и
	二	-ён	-ов	—	-ев(-ёв)、-ей	-ий	—	-ий -ей
	三	-енам	-ам		-ям		-ам	-ям
	四	同一或二						
	五	-енами	-ами		-ями、-ами			-ями
	六	-енах	-ах		-ях、-ах			-ях

注：表中"同一或二"指的是：动物名词的四格同二格，非动物名词的四格同一格。表示人和动物的名词为动物名词，表示事物及现象的名词为非动物名词。

例词如下：

врéмя(时间) — врéмени, врéмени, врéмя, врéменем, о врéмени；временá, времён, временáм, врéмени, временáми, о временáх

кассúр(收款员) — кассúра, кассúру, кассúра, кассúром, о кассúре；кассúры, кассúров, кассúрам, кассúров, кассúрами, о кассúрах

свúтер(高领套衫) — свúтера, свúтеру, свúтер, свúтером, о свúтере；свúтеры, свúтеров, свúтерам, свúтеры, свúтерами, о свúтерах

окнó(窗户) — окнá, окнý, окнó, окнóм, об окнé；óкна, óкон, óкнам, óкна, óкнами, об óкнах

слýчай(机会) — слýчая, слýчаю, слýчай, слýчаем, о слýчае；слýчаи, слýчаев, слýчаям, слýчаи, слýчаями, о слýчаях

гость(客人) — гóстя, гóстю, гóстя, гóстем, о гóсте；гóсти, гостéй, гостя́м, гостéй, гостя́ми, о гостя́х

пóле(田野) — пóля, пóлю, пóле, пóлем, о пóле；поля́, полéй, поля́м, поля́, поля́ми, о поля́х

здáние(楼房) — здáния, здáнию, здáние, здáнием, о здáнии；здáния, здáний, здáниям, здáния, здáниями, о здáниях

машúна(汽车) — машúны, машúне, машúну, машúной, о машúне, машúны, машúн, машúнам, машúны, машúнами, о машúнах

дерéвня(村庄) — дерéвни, дерéвне, дерéвню, дерéвней, о дерéвне；дерéвни, деревéнь, деревня́м, дерéвни, деревня́ми, о деревня́х

аудитóрия(教室) — аудитóрии, аудитóрии, аудитóрию, аудитóрией, об аудитóрии；аудитóрии, аудитóрий, аудитóриям, аудитóрии, аудитóриями, об аудитóриях ста́нция（站、车站）— ста́нции, ста́нции, ста́нцию, ста́нцией, о ста́нции; ста́нции, ста́нций, ста́нциям, ста́нции, ста́нциями, о ста́нциях

дверь（门）— две́ри, две́ри, дверь, две́рью, о две́ри; две́ри, двере́й, дверя́м, две́ри, дверя́ми, о дверя́х

ло́шадь（马）— ло́шади, ло́шади, ло́шадь, ло́шадью, о ло́шади; ло́шади, лошаде́й, лошадя́м, лошаде́й, лошадя́ми, о лошадя́х

ночь（夜间）— но́чи, но́чи, ночь, но́чью, о но́чи; но́чи, ноче́й, ноча́м, но́чи, ноча́ми, о ноча́х

名词在词组和句子中用于什么格形式，主要取决于其在句中充当什么成分和受什么词支配。

某些阳性名词单数第六格与前置词 в, на 连用时，单数第六格用特殊的重读词尾-у́(-ю́)，如：

лес — в лесу́（在森林里）

сад — в саду́（在花园里）

бе́рег — на берегу́（在岸边）

мост — на мосту́（在桥上）

пол — на полу́（在地板上）

снег — на снегу́（在雪地上）

жар — в жару́（在炎热中）— на жару́（在炎热的地方）

край — в краю́（在……地区）— на краю́（在……边缘）

у́гол — в углу́（在角落里）— на углу́（在拐角处）

这种特殊的词尾还出现在固定词组中，如：быть в ходу́（流行），име́ть в виду́（注意到），быть на виду́（占重要地位），на ка́ждом шагу́（不断地，常常）等。

下列名词均不变格：

1) 以 -а, -я 以外的元音结尾、表示非动物的外来词属中性，如：кино́（电影院，电影），метро́（地铁），ра́дио（收音机），такси́（出租车），шоссе́（公路），шасси́（汽车底盘，飞机起落架）。

2) 以元音结尾的非俄罗斯人的姓名按人的实际性别归属，外国的地名如是城市名属阳性，如是江河名属阴性。如：Гёте（歌德）[男，阳性]，Чжу Дэ（朱德）[男，阳性]，То́кио（东京）[城市，阳性]，Янцзы́（长江）[河流，阴性]。

3) 不成音节的复合缩写词，以元音结尾的复合缩写专有名词或虽成音节并辅音结尾，但中心词为阴性名词的复合缩写词，如：КНР（中华人民共和国），ГЭС（水电站），НОАК（中国人民解放军），США（美国）。

2. 名词格的用法

1) 第一格的用法

名词第一格,即原形形式,在句中可充当主语、谓语和呼语,如:

① На вéшалке висит кýртка. 衣挂上挂着一件夹克衫。

② Здесь мéсто свобóдно? 这地方(座位)空着(没人坐)吗?

③ Студéнты слýшают лéкцию. 大学生们正在听课。

④ Ребя́та чáсто помогáют друг дрýгу. 同学们经常互相帮助。

⑤ Как вáше здорóвье? 您的身体怎么样?

⑥ Как делá? 近况怎样?

⑦ Это моя́ визи́тная кáрточка. 这是我的名片。

⑧ Не беспокóйтесь. Это не проблéма. 请放心。这不成问题。

⑨ Кни́га — вéрный друг человéка. 书是人类的忠实朋友。

⑩ Слýшайте внимáтельно, товáрищи! 同志们,请认真听。

2) 第二格的用法

名词第二格形式可以用于下列场合:1)充当定语,表示所属关系和事物特征;2)有些动词、前置词、数词要求名词用第二格;3)及物动词被否定时,名词常用第二格。如:

① Мечтá человéка о полёте в кóсмос осуществи́лась. 人类飞向宇宙的理想实现了。

② Вчерá Ни́на купи́ла пальтó крáсного цвéта. 昨天尼娜买了一件红色的大衣。

③ Дáйте мне кусóк хлéба. 给我一块面包。

④ За корóткое врéмя мы дости́гли больши́х успéхов. 短时间内我们就取得了很大的成绩。

⑤ 3 (Трéтьего) áвгуста 2010 (две ты́сячи деся́того гóда)... Росси́йский дым дошёл до Ки́ева. 2010年8月3日……俄罗斯的烟飘到了基辅。

⑥ Какóй мáрки этот видеомагнитофóн? 这台录像机是什么牌子的?

⑦ Скóлько рублéй нáдо плати́ть? 该付多少卢布?

⑧ У меня́ есть два билéта. 我有两张票。

⑨ Я не ви́дел брáта. 我没看见弟弟。

⑩ Зáвтра не бýдет дождя́. 明天没有雨。

3) 第三格的用法

名词第三格可以用于下列场合:1)充当间接补语,表示行为的间接对象;2)充当某些心理活动或状态的主体等;3)受要求第三格的动词、形容词、名词、前置词等支配。如：

① **Máма** говори́т **сы́ну**: — Напиши́ **па́пе** письмо́. 妈妈对儿子说："你给爸爸写封信吧。"

② **Ребёнку** хо́чется спать. 孩子想睡觉。

③ **Моему́ де́душке** 85 лет. 我祖父85岁。

④ Куре́ние **вреди́т здоро́вью**. 吸烟有害健康。

⑤ Он взял ну́жную **бра́ту** кни́гу из библиоте́ки. 他从图书馆借来了弟弟需要的书。

⑥ Москва́ — изве́стный **всему́ ми́ру** го́род. 莫斯科是世界闻名的都市。

⑦ У меня́ нет спосо́бности **к му́зыке**. 我对音乐不在行。

⑧ Они́ иду́т **по у́лице**. 他们沿着大街走。

4) 第四格的用法

名词第四格可以用于下列场合：1) 受要求第四格的动词等支配，充当直接补语；2) 可以表示行为持续的时间或度量，充当时间状语；3) 与要求第四格的前置词搭配。如：

① Вы́пишите **чек**. 请开张发票吧。

② Он встре́тил **подру́гу** на у́лице. 他在大街上遇到了女友。

③ Мне ну́жно **одного́ помо́щника**. 我需要一名助手。

④ Весь **день** они́ рабо́тали. 他们干了一天活儿。

⑤ **Мно́го лет** они́ не ви́делись. 他们有好多年没见面了。

⑥ Моя́ су́мка ве́сила **полкило́**. 我的包重半公斤。

⑦ Пожа́луйста, останови́тесь здесь **на мину́тку**. 请在这里稍停一下。

⑧ Спаси́бо **за по́мощь**. 谢谢帮忙。

⑨ Он уе́хал в Москву́ **на стажиро́вку**. 他去莫斯科进修了。

5) 第五格的用法

名词第五格可以充当状语，表示行为工具、行为方式、行为时间或地点等，也受要求第五格的动词、形容词、前置词等的支配，如：

① Я ре́жу хлеб **ножо́м**. 我用刀子切面包。

② Пётр прие́хал **по́ездом**. 彼得是坐火车来的。

③ Ка́ждый день А́нна занима́ется **спо́ртом**. 安娜每天都进行体育锻炼。

④ Дире́ктор не дово́лен **результа́том** бесе́ды. 经理对会谈结果不满意。

⑤ Неда́вно мы купи́ли но́вую кварти́ру **пло́щадью** в две́сти квадра́тных ме́тров. 不久前我们买了一套面积为200平方的新住宅。

⑥ С **удово́льствием**. 很高兴（很乐意）。（应答对方的邀请时使用）

⑦ С приéздом! 一路辛苦了！（迎接远道而来的客人时使用）

6）第六格的用法

名词第六格必须与要求第六格的前置词搭配，如：при（在……情况下，附属于，尽管），в（在……里，在……时候），на（在……上，在……地方），о（关于）等，如：

① При сóлнце снег тáял. 雪在阳光下渐渐融化了。

② При всём желáнии я не могý согласи́ться с вáми. 尽管我非常愿意，但仍不能同意您的意见。

③ Он роди́лся в 1997 годý. 他出生在1997年。

④ Кни́га лежи́т в пáрте. 书放在课桌里。

⑤ Кни́га лежи́т на пáрте. 书放在课桌上。

⑥ Они́ познакóмились на вéчере. 他们在晚会上认识的。

⑦ Мать óчень заботи́лась о здорóвье сы́на. 母亲非常关心儿子的健康。

⑧ Студéнты лю́бят занимáться в библиотéке. 大学生们喜欢在图书馆学习。

⑨ Мы живём при госудáрственном библиотéке. 我们住在国家图书馆附近。

⑩ По окончáнии институ́та он собирáется верну́ться в роднóй гóрод. 大学毕业后他打算回故乡。

Ⅱ 形容词

形容词主要有性质形容词和关系形容词。性质形容词表示事物本身的性质或特征，有程度上的变化（即有比较级和最高级形式），有长尾和短尾两种形式。关系形容词通过事物与现象之间的关系来说明事物的特征。如：

интерéсная кни́га 有趣的书（表示事物的特征）

учéбная кни́га 教科书（表示事物的关系）

形容词有性、数、格的变化，主要用来说明名词，并与被说明的词在性、数、格上保持一致。形容词在句中做定语或谓语中的表语。如：

① Мой дя́дя дóбрый человéк. 我的叔叔是个善良的人。（做定语）

② Нáше госудáрство краси́вое и богáтое. 我们的国家美丽而富饶。（做表语）

一、形容词的变格及分类

所有形容词都有性、数、格的变化。形容词词尾及变化情况具体参见下表：

格	阳性		中性	阳性	中性	阴性		复数	
一	-ый	-ой	-ое	-ий	-ее	-ая	-яя	-ые	-ие
二	-ого			-его		-ой	-ей	-ых	-их
三	-ому			-ему		-ой	-ей	-ым	-им
四	同一或二					-ую	-юю	同一或二	
五	-ым(-им)			-им		-ой	-ей	-ыми	-ими
六	-ом			-ем		-ой	-ей	-ых	-их

形容词单数有阳性、中性和阴性之别，但有共同的复数形式。

例词如下：

акти́вный(积极的)〈阳〉—— акти́вного, акти́вному, акти́вный(акти́вного), акти́вным, об акти́вном; акти́вное〈中〉—— акти́вного, акти́вному, акти́вное, акти́вным, об акти́вном; акти́вная〈阴〉—— акти́вной, акти́вной, акти́вную, акти́вной, об акти́вной; 复数: акти́вные, акти́вных, акти́вным, акти́вные(акти́вных), акти́вными, об акти́вных

интере́сный(有趣的)〈阳〉—— интере́сного, интере́сному, интере́сный(интере́сного), интере́сным, об интере́сном; интере́сное〈中〉—— интере́сного, интере́сному, интере́сное, интере́сным, об интере́сном; интере́сная〈阴〉—— интере́сной, интере́сной, интере́сную, интере́сной, об интере́сной; 复数: интере́сные, интере́сных, интере́сным, интере́сные(интере́сных), интере́сными, об интере́сных

чи́стый(干净的)〈阳〉—— чи́стого, чи́стому, чи́стый(чи́стого), чи́стым, о чи́стом; чи́стое〈中〉—— чи́стого, чи́стому, чи́стый, чи́стым, о чи́стом; чи́стая〈阴〉—— чи́стой, чи́стой, чи́стую, чи́стой, о чи́стой; 复数: чи́стые, чи́стых, чи́стым, чи́стые(чи́стых), чи́стыми, о чи́стых

большо́й(大的)〈阳〉—— большо́го, большо́му, большо́й(большо́го), больши́м, о большо́м; большо́е〈中〉—— большо́го, большо́му, большо́е, больши́м, о большо́м; больша́я〈阴〉—— большо́й, большо́й, большу́ю, большо́й, о большо́й; 复数: больши́е, больши́х, больши́м, больши́е(больши́х), больши́ми, о больши́х

дома́шний(家用的)〈阳〉— дома́шнего, дома́шнему, дома́шний(дома́шнего), дома́шним, о дома́шнем; дома́шнее〈中〉— дома́шнего, дома́шнему, дома́шнее, дома́шним, о дома́шнем; дома́шняя〈阴〉— дома́шней, дома́шней, дома́шнюю, дома́шней, о дома́шней; 复数: дома́шние, дома́шних, дома́шним, дома́шние(дома́шних), дома́шними, о дома́шних

зи́мний(冬天的)〈阳〉— зи́мнего, зи́мнему, зи́мний(зи́мнего), зи́мним, о зи́мнем; зи́мнее〈中〉— зи́мнего, зи́мнему, зи́мнее, зи́мним, о зи́мнем; зи́мняя〈阴〉— зи́мней, зи́мней, зи́мнюю, зи́мней, о зи́мней; 复数: зи́мние, зи́мних, зи́мним, зи́мние(зи́мних), зи́мними, о зи́мних

сре́дний(中等的)〈阳〉— сре́днего, сре́днему, сре́дний(сре́днего), сре́дним, о сре́днем; сре́днее〈中〉— сре́днего, сре́днему, сре́дний, сре́дним, о сре́днем; сре́дняя〈阴〉— сре́дней, сре́дней, сре́днюю, сре́дней, о сре́дней; 复数: сре́дние, сре́дних, сре́дним, сре́дние(сре́дних), сре́дними, о сре́дних

1. 性质形容词

性质形容词表示事物的特征。如：

бе́лый(白色的), бли́зкий(近的), большо́й(大的), весёлый(愉快的), высо́кий(高的), глубо́кий(深的), гро́мкий(声音大的), дли́нный(长的), жёлтый(黄色的), зелёный(绿色的), коро́ткий(短的), краси́вый(漂亮的), кра́сный(红色的), лёгкий(容易的,〈重量〉轻的), ма́ленький(小的), ме́лкий(浅的), молодо́й(年轻的), ни́зкий(矮的), но́вый(新的), опа́сный(危险的), отли́чный(出色的), плохо́й(坏的), пра́вильный(正确的), прия́тный(惬意的), ра́достный(高兴的), серьёзный(认真的,严肃的), си́ний(蓝色的), спосо́бный(有能力的), сре́дний(中等的), ста́рый(老的), счастли́вый(幸福的), тру́дный(难的), у́зкий(窄的), у́мный(聪明的), холо́дный(冷的,凉爽的), хоро́ший(好的), широ́кий(宽的), чёрный(黑色的)。

2. 关系形容词

关系形容词通过一事物与另一事物的关系来说明事物的特征。如: бытовы́е электроприбо́ры(家用电器), весе́нний ве́тер(春风), виногра́дное вино́(葡萄酒), городска́я больни́ца(市立医院), джи́нсовая оде́жда(牛仔服), желе́зная крова́ть(铁床), зубна́я щётка(牙刷), кни́жная по́лка(书架), ко́жаная ку́ртка(皮夹克), магни́тный диск(磁盘), микроволно́вая печь(微波炉), почто́вая бума́га(信纸), стира́льная маши́на(洗衣机), стира́льное мы́ло(肥皂), туале́тная бума́га(卫生纸), туале́тное мы́ло(香皂), футбо́льный мяч(足球), ша́риковая ру́чка(圆珠笔)。

3. 物主形容词

物主形容词由表示人或动物的名词构成,表示某事物属于某人或某动物所有。如：

бра́тнин(哥哥的),се́стрин(姐姐的),ма́мин(母亲的),отцо́в(父亲的),дя́дин(叔叔的),тётин(婶婶的),ма́мины забо́ты(母亲的操劳),отцо́ва любо́вь(父亲的爱);

ли́сья ла́па(狐狸爪子),соба́чий лай(狗的叫声)。

二、性质形容词的长、短尾形式

将性质形容词的词尾-ый、-ой、-ий去掉,即构成短尾的阳性形式,阴性加-a(-я),中性加-о(-е),复数加-ы(-и)。当词干末尾是两个辅音相连时,其间可能出现隐现元音о或е。短尾形式中重音可能变动。如：

до́брый(善良的) — добр(阳性),добра́(阴性),до́бро(中性),добры́(复数)

здоро́вый(健康的) — здоро́в(阳性),здоро́ва(阴性),здоро́во(中性),здоро́вы(复数)

краси́вый(美丽的) — краси́в(阳性),краси́ва(阴性),краси́во(中性),краси́вы(复数)

чи́стый(干净的) — чист(阳性),чиста́(阴性),чи́сто(中性),чи́сты(复数)

бли́зкий(亲切的) — бли́зок(阳性),близка́(阴性),бли́зко(中性),бли́зки(复数)

си́ний(蓝色的) — синь(阳性),синя́(阴性),си́не(中性),си́ни(复数)

у́зкий(窄的) — у́зок(阳性),узка́(阴性),у́зко(中性),у́зки(复数)

хоро́ший(好的) — хоро́ш(阳性),хороша́(阴性),хорошо́(中性),хороши́(复数)

形容词词尾前,如果有两个辅音并列,在构成阳性短尾形式时,一般在两个辅音之间加о或е；如并列的第二个辅音是г,к,х时通常加о,其他情况下加е,如：

интере́сный(有趣的) — интере́сен(интере́сна, интере́сно, интере́сны)

прекра́сный(非常美的) — прекра́сен(прекра́сна, прекра́сно, прекра́сны)

свобо́дный(自由的) — свобо́ден(свобо́дна, свобо́дно, свобо́дны)

жа́ркий(热的) — жа́рок(жарка́, жа́рко, жа́рки)

ре́дкий(稀少的) — ре́док(редка́, ре́дко, ре́дки)

有些性质形容词不能构成短尾形式,如：

большо́й(大的)[短尾形式由 вели́кий 替代：вели́к, велика́, велико́, велики́]，ма́ленький(小的)[短尾形式由 ма́лый 替代：мала́, ма́ло, малы́]。

有些形容词在某一意义上常用短尾形式，如：

прав(права́, пра́во, пра́вы)(正确)

согла́сен(согла́сна, согла́сно, согла́сны)(同意)

少数形容词只有短尾形式，如：

до́лжен (должна́, должно́, должны́) (应当, 必须) рад (ра́да, ра́до, ра́ды) (高兴的)

性质形容词长尾形式和短尾形式的语义区别在于：

1. 形容词长尾形式表示持久的或固有的特征，短尾形式表示暂时的或相对的特征，如：① Мой брат — челове́к здоро́вый и си́льный. 我的哥哥是一个身体健康、强壮有力的人。

② Пе́тя сего́дня бо́лен. 别佳今天病了。

③ На́ша Та́ня краси́вая де́вушка. 我们的丹娘是个漂亮姑娘。

④ Ка́тя была́ вчера́ о́чень краси́ва на конце́рте. 卡佳昨天在音乐会上非常漂亮。

⑤ О́зеро споко́йное. 湖面(一向)是平静的。

⑥ О́зеро споко́йно. 湖面(现在)很平静。

2. 个别形容词长、短尾形式的词义不同，如：

① На собра́нии прису́тствуют ви́дные предпринима́тели. 参加这次会议的有一些著名的企业家。

② Дом ви́ден издалека́. 房子从远处就可以看到。

③ Кури́ть — плоха́я привы́чка. 吸烟是不良习惯。

④ Ма́ма о́чень плоха́, ничего́ не ви́дит. 妈妈身体虚弱，什么也看不见了。

⑤ У неё хоро́шая па́мять. 她的记忆力非常好。

⑥ Он умён и хоро́ш собо́й. 他聪明，人也长得漂亮。

⑦ Воло́дя — живо́й ма́льчик. 瓦洛佳是个活泼的小男孩。

⑧ Мой дед ещё жив. 我的爷爷还活着。

⑨ Мы бо́ремся за пра́вое де́ло. 我们为正义事业而斗争。

⑩ Он прав в э́том спо́ре. 在这场争论中他是对的。

3. 性质形容词长尾形式在句中可以充当定语或表语，而短尾形式只能充当表语，如：

① **Тёмные** ту́чи закры́ли не́бо. 乌云遮住了天空。[定语]

② Он у нас **усе́рдный**. 他在我们这儿是个勤恳的人。[表语]

③ Сегóдня вéчером я бýду **свобóден**. 今天晚上我有空。[表语]
④ Кни́га **интерéсна**. 书很有趣。
⑤ Ребёнок óчень **живóй**. 这孩子十分活泼。
⑥ Бáбушка ещё **живá**. 奶奶还活着。

三、性质形容词的比较等级形式

1. 性质形容词的比较级

性质形容词的比较级有单一式和复合式两种。一般的性质形容词去掉词尾，加上-ee(-e)，即构成单一式比较级，少数形容词构成比较级时发生音变，如：

вáжный — важнée 较重要的
нóвый — новée 较新的
прямóй — прямée 较直的
ую́тный — ую́тнее 较舒适的
бли́зкий — бли́же 较近的
богáтый — богáче 较富有的
высóкий — вы́ше 较高的
глубóкий — глýбже 较深的
дорогóй — дорóже 较贵的
корóткий — корóче 较短的
молодóй — молóже 较年轻的
ни́зкий — ни́же 较低的
пóздний — пóзже 较晚的
рéдкий — рéже 较少的
ти́хий — ти́ше 较静的
чи́стый — чи́ще 较干净的

某些形容词有两种比较级形式，如：

большóй — бóлее, бóльше (较大的)
мáленький — мéнее, мéньше (较小的)
пóздний — позднée, пóзже (较晚的)
рáнний — рáнее, рáньше (较早的)

性质形容词的复合式比较级是在形容词前加 бóлее 或 мéнее 构成，如：

вáжный — бóлее вáжный 较重要的
дóрог — бóлее дóрог 较贵的
мéнее вáжный 较不重要的

ме́нее до́рог 较不贵的

而 большо́й, ма́ленький, плохо́й, хоро́ший 不能构成复合式比较级。

比较级可以表示事物的某种性质或特征与另一事物的同一性质或特征相比在程度上较强或较弱，也可以表示某事物的同一性质或特征在不同时间或条件下的程度差异及变化。单一式比较级没有性、数、格的变化。用来表示比较对象的名词与其连用时，用第二格形式；如果借助于 чем，则用第一格形式，чем 前应用逗号隔开。如：

① Мой брат **ста́рше меня́** на семь лет, а **вы́ше сестры́** на го́лову. 我的哥哥比我大7岁，比姐姐高一头。

② Днепр **коро́че**, чем Во́лга. 第聂伯河比伏尔加河短。

③ Я хочу́ съесть что́-то **поле́гче**. 我想吃点清淡的(东西)。

④ Нам нужна́ гости́ница **побли́же** к це́нтру го́рода. 我们需要找一个离市中心近一点的旅馆。

⑤ Он реши́л зада́чи **трудне́е э́тих**. 他解出了比这些更难的习题。

⑥ Нет **бо́льше ра́дости**, чем путеше́ствовать по всей стране́. 再也没有比全国旅游更开心的了。(注：该句虽使用形容词比较级形式，但表达的是最高级的意义。)

复合式比较级可以有长尾和短尾两种形式，如：

① Мы счита́ем э́тот вопро́с **бо́лее ва́жным**. 我们认为这个问题比较重要。

② Сего́дняшний докла́д **бо́лее интере́сен**. 今天的报告比较有趣。

2. 性质形容词的最高级

性质形容词的最高级也有单一式和复合式两种。去掉形容词词尾，加上 -ейший(-айший)，即构成单一式最高级，少数形容词构成最高级时发生音变，如：

ва́жный —— важне́йший 最重要的

краси́вый —— краси́вейший 最美丽的

си́льный —— сильне́йший 最有力的

стро́гий —— строжа́йший 最严厉的

тру́дный —— трудне́йший 最难的

вели́кий —— велича́йший 最伟大的

высо́кий —— высоча́йший 最高的

глубо́кий —— глубоча́йший 最深的

ти́хий —— тиша́йший 最安静的

有些形容词的最高级构成特殊，如：

бли́зкий —— ближа́йший 最近的

ни́зкий — нижа́йший 最低的

тя́жкий — тягча́йший 最重的

某些本身表示比较级意义的形容词可通过加前缀 наи- 来表示最高级意义，如：

бо́льший（比较大的）— наибо́льший 最大的

вы́сший（比较高的）— наивы́сший 最高的

лу́чший（比较好的）— наилу́чший 最好的

ме́ньший（比较小的）— наиме́ньший 最小的

ни́зший（比较低的）— наини́зший 最低的

ху́дший（比较差的）— наиху́дший 最差（坏）的

性质形容词的复合式最高级是在形容词前加 са́мый 构成或加副词 наибо́лее，наиме́нее 来表示，如：

бога́тый — са́мый бога́тый — наибо́лее бога́тый 最富有的

вели́кий — са́мый вели́кий — наибо́лее вели́кий 最伟大的

высо́кий — са́мый высо́кий — наибо́лее высо́кий 最高的

си́льный — са́мый си́льный — наибо́лее си́льный 最有力的

чи́стый — са́мый чи́стый — наибо́лее чи́стый 最清洁的

интере́сный — са́мый（наибо́лее）интере́сный 最有趣的 — наиме́нее интере́сный 最无趣的

си́льный — са́мый（наибо́лее）си́льный 最有力的 — наиме́нее си́льный 最无力的

最高级表示事物的特征在程度上超过所有其他事物（最高或最低），如：

① Кита́йский язы́к — оди́н из **богате́йших** и краси́вейших языко́в ми́ра. 汉语是世界上最丰富、最美丽的语言之一。

② Со́лнце явля́ется **важне́йшим** исто́чником эне́ргии. 太阳是最重要的能源。

③ О́зеро Байка́л — **са́мое глубо́кое** в ми́ре. 贝加尔湖是世界最深的湖。

④ Водоро́д — **наибо́лее лёгкий** среди́ га́зов. 氢是气体中最轻的（气体）。

⑤ Шанха́й — **са́мый большо́й** промы́шленный го́род в Кита́е. 上海是中国最大的工业城市。

⑥ Сего́дняшний день — **са́мый жа́ркий** в э́том ме́сяце. 今天是本月最热的一天。

⑦ Вчера́ я ви́дел **са́мый интере́сный** баскетбо́л по телеви́зору. 昨天我在电视里看了最有意思的篮球赛。

比较级在某些结构中可以表示最高级意义。请比较：
① Он у́чится лу́чше всех. 他学习最好（比所有人都好）。
② Я не ви́дел маши́ны лу́чше ро́бота. 我没有见过比机器人更好的机器了。

III 动词

动词表示动作或状态。动词原形叫不定式，一些动词带-ся(-сь)。俄语动词有式、时、体、人称、数等语法形式，并按时间和人称（数、格）等变化。动词的式有陈述式、命令式和假定式。陈述式有三个时间：现在时、过去时和将来时。现在时和将来时有人称（第一、第二、第三人称）和单、复数之分。过去时不分人称，但有单、复数和性（阳性、阴性、中性）的区别。命令式分第一人称命令式、第二人称命令式和第三人称命令式，其中第二人称命令式最为常用。假定式主要由动词过去时形式加语气词 бы 构成。动词的体有完成体和未完成体两种形式。完成体只有两个时：过去时和将来时。未完成体有三个时：过去时、现在时和将来时。

俄语动词中有一部分运动动词，它们有定向和不定向两类，分别用于不同的语境中。

按照动词是否能接不带前置词的第四格补语，动词还分为及物动词和非及物动词。有一部分及物动词可构成被动态形式，用来充当被动句的主要成分。

除了有人称变化的动词外，俄语中还有一部分无人称动词，它们是无人称句的主要成分。

另外，动词除有变位形式之外，还有非变位形式：形动词和副动词。形动词与形容词相同，有性、数、格的变化，与所说明的名词在性、数、格上保持一致。

一、动词的时

1. 过去时

动词的过去时表示从前发生的事，未完成体动词和完成体动词均可构成过去时形式，其构成方法是：去掉动词词尾，加-л（阳性），-ла（阴性），-ло（中性），-ли（复数）。如：

верну́ть（归还） — верну́л, верну́ла, верну́ло, верну́ли
вспо́мнить（想起） — вспо́мнил, вспо́мнила, вспо́мнило, вспо́мнили
вы́полнить（完成） — вы́полнил, вы́полнила, вы́полнило, вы́полнили
де́лать（做） — де́лал, де́лала, де́лало, де́лали
забы́ть（忘记） — забы́л, забы́ла, забы́ло, забы́ли

изуча́ть（学习,研究）— изуча́л, изуча́ла, изуча́ло, изуча́ли
помога́ть（帮助）— помога́л, помога́ла, помога́ло, помога́ли
проси́ть（请求）— проси́л, проси́ла, проси́ло, проси́ли
рассказа́ть（讲述）— рассказа́л, рассказа́ла, рассказа́ло, рассказа́ли
реши́ть（决定）— реши́л, реши́ла, реши́ло, реши́ли
сиде́ть（坐）— сиде́л, сиде́ла, сиде́ло, сиде́ли
собира́ть（收集）— собира́л, собира́ла, собира́ло, собира́ли
узна́ть（认出）— узна́л, узна́ла, узна́ло, узна́ли
боя́ться（害怕）— боя́лся, боя́лась, боя́лось, боя́лись
забо́титься（关心）— забо́тился, забо́тилась, забо́тилось, забо́тились
ра́доваться（高兴）— ра́довался, ра́довалась, ра́довалось, ра́довались
серди́ться（生气）— серди́лся, серди́лась, серди́лось, серди́лись

有一些动词过去时形式特殊,重音位置也有不同,如:

везти́（搬运）— вёз, везла́, везло́, везли́
вести́（引导）— вёл, вела́, вело́, вели́
дости́гнуть（达到）— дости́г, дости́гла, дости́гло, дости́гли
жечь（烧）— жёг, жгла, жгло, жгли
запере́ть（锁上）— за́пер, заперла́, за́перло, за́перли
идти́（走）— шёл, шла, шло, шли
исче́знуть（消失）— исче́з, исче́зла, исче́зло, исче́зли
лезть（攀）— лёз, лезла́, лезло́, лезли́
мёрзнуть（结冰）— мёрз, мёрзла, мёрзло, мёрзли
мочь（能）— мог, могла́, могло́, могли́
нести́（携带）— нёс, несла́, несло́, несли́
ошиби́ться（犯错误）— оши́бся, оши́блась, оши́блось, оши́блись
привы́кнуть（习惯）— привы́к, привы́кла, привы́кло, привы́кли
расти́（生长）— рос, росла́, росло́, росли́
сечь（砍）— сёк, секла́, секло́, секли́
тере́ть（试擦）— тёр, тёрла, тёрло, тёрли
умере́ть（死）— у́мер, умерла́, у́мерло, у́мерли

2. 现在时

动词现在时表示现在正在发生的事,或经常发生的事,只有未完成体动词可以构成现在时形式。未完成体动词的现在时是通过变位来实现的,依据六个人称 — 我,你,他(她,它),我们,你们(您),他们(她们,它们) 来变化词尾。

动词变位有两个变化类型：第一式变位法和第二式变位法。具体参见下表：

人称		第一式		第二式	
单数	一	-ю	-у	-ю、-у	-у
	二	-ешь	-ешь	-ишь	-ишь
	三	-ет	-ет	-ит	-ит
复数	一	-ем	-ем	-им	-им
	二	-ете	-ете	-ите	-ите
	三	ют	-ут	-ят	-ат

例词如下：(除第一个例词外，其他例词按照词典中动词人称变位的列法，只给出单数第一人称、单数第二人称和复数第三人称形式，其他形式均可类推出来)

属于第一式第一种类型的，如：

читáть（读）— я читáю, ты читáешь, он (онá, онó) читáет, мы читáем, вы читáете, они́ читáют

бéгать（跑）— бéгаю, бéгаешь, бéгают

болéть（生病）— болéю, болéешь, болéют

гуля́ть（散步）— гуля́ю, гуля́ешь, гуля́ют

игрáть（玩）— игрáю, игрáешь, игрáют

рабóтать（工作）— рабóтаю, рабóтаешь, рабóтают

слýшать（听）— слýшаю, слýшаешь, слýшают

встава́ть（起床，站起来）— встаю́, встаёшь, встаю́т

дава́ть（给）— даю́, даёшь, даю́т

мыть（洗）— мóю, мóешь, мóют

петь（唱）— пою́, поёшь, пою́т

пить（喝）— пью, пьёшь, пьют

плевáть（吐）— плюю́, плюёшь, плюю́т

улыбáться（笑）— улыбáюсь, улыбáешься, улыбáются

рисовáть（画）— рисýю, рисýешь, рисýют

танцевáть（跳舞）— танцýю, танцýешь, танцýют

чýвствовать（感觉）— чýвствую, чýвствуешь, чýвствуют

属于第一式第二种类型的，如：

быть(有,存在) — я бу́ду, ты бу́дешь, он(она́, оно́) бу́дет, мы бу́дем, вы бу́дете, они́ бу́дут

брать(拿) — беру́, берёшь, беру́т

везти́(运送) — везу́, везёшь, везу́т

вести́(领) — веду́, ведёшь, веду́т

дви́гать(运动) — дви́жу, дви́жешь, дви́жут

е́хать(乘车去) — е́ду, е́дешь, е́дут

ждать(等) — жду, ждёшь, ждут

жить(生活) — живу́, живёшь, живу́т

звать(招呼) — зову́, зовёшь, зову́т

идти́(走) — иду́, идёшь, иду́т

иска́ть(找) — ищу́, и́щешь, и́щут

класть(放置) — кладу́, кладёшь, кладу́т

лечь(躺) — ля́гу, ля́жешь, ля́гут

нача́ть(开始) — начну́, начнёшь, начну́т

ошиби́ться(犯错) — ошибу́сь, ошибёшься, ошибу́тся

писа́ть(写) — пишу́, пи́шешь, пи́шут

пла́кать(哭) — пла́чу, пла́чешь, пла́чут

привы́кнуть(习惯) — привы́кну, привы́кнешь, привы́кнут

пря́тать(藏) — пря́чу, пря́чешь, пря́чут

слать(派) — шлю, шлёшь, шлют

стать(开始,成为) — ста́ну, ста́нешь, ста́нут

属于第二式第一种类型的,如:

люби́ть(爱) — я люблю́, ты лю́бишь, он(она́, оно́) лю́бит, мы лю́бим, вы лю́бите, они́ лю́бят

говори́ть(说) — говорю́, говори́шь, говоря́т

смотре́ть(看) — смотрю́, смо́тришь, смо́трят

спать(睡) — сплю, спишь, спят

стоя́ть(站) — стою́, стои́шь, стоя́т

шуме́ть(喧闹) — шумлю́, шуми́шь, шумя́т

ви́деть(看见) — ви́жу, ви́дишь, ви́дят

лете́ть(飞) — лечу́, лети́шь, летя́т

носи́ть(带) — ношу́, но́сишь, но́сят

освободи́ть(解放) — освобожу́, освободи́шь, освободя́т

отве́тить(回答) — отве́чу, отве́тишь, отве́тят

属于第二式第二种类型的,如:

лежа́ть(躺) — я лежу́, ты лежи́шь, он(она́, оно́) лежи́т, мы лежи́м, вы лежи́те, они́ лежа́т

держа́ть(拿着) — держу́, де́ржишь, де́ржат

дыша́ть(呼吸) — дышу́, ды́шишь, ды́шат

молча́ть(沉默) — молчу́, молчи́шь, молча́т

слы́шать(听见) — слы́шу, слы́шишь, слы́шат

спеши́ть(急忙去) — спешу́, спеши́шь, спеша́т

учи́ть(学习) — учу́, у́чишь, у́чат

还有一些常用动词有特殊变位形式,需——记忆:

бежа́ть(跑) — бегу́, бежи́шь, бежи́т, бежи́м, бежи́те, бегу́т

есть(吃) — ем, ешь, ест, еди́м, еди́те, едя́т

хоте́ть(想要) — хочу́, хо́чешь, хо́чет, хоти́м, хоти́те, хотя́т

3. 将来时

动词将来时表示将来发生的事,完成体动词和未完成体动词均可构成将来时形式。

完成体动词将来时的构成方法同未完成体动词现在时形式,如:

закры́ть(关上,合上) — закро́ю, закро́ешь, закро́ют

купи́ть(买) — куплю́, ку́пишь, ку́пят

опозда́ть(迟到) — опозда́ю, опозда́ешь, опозда́ют

откры́ть(打开) — откро́ю, откро́ешь, откро́ют

взять(拿) — возьму́, возьмёшь, возьму́т

закрича́ть(喊起来) — закричу́, закричи́шь, закрича́т

заня́ть(占据) — займу́, займёшь, займу́т

ко́нчить(结束) — ко́нчу, ко́нчишь, ко́нчат

поня́ть(明白) — пойму́, поймёшь, пойму́т

сесть(坐下) — ся́ду, ся́дешь, ся́дут

умере́ть(死) — умру́, умрёшь, умру́т

个别动词变位形式特殊:

дать(给,提供) — дам, дашь, даст, дади́м, дади́те, даду́т

未完成体动词将来时的构成方法是:由 быть 的人称变化加该未完成体动词不定式构成,如:

я бу́ду чита́ть 我将读书;

ты бу́дешь чита́ть 你将读书；

он（она́）бу́дет чита́ть 他（她）将读书；

мы бу́дем чита́ть 我们将读书；

вы бу́дете чита́ть 你们（您）将读书；

они́ бу́дут чита́ть 他们将读书。

二、动词的式

一般动词都有陈述式、命令式和假定式三种形式。

1. 陈述式

陈述式表述实际存在的动作。完成体和未完成体动词的时间形式都可以充当陈述式，如：

① Вам о́чень идёт э́та причёска. 这种发型对您非常相称。

② Ваш оте́ц вы́глядит моло́же свои́х лет. 您父亲看上去很年轻。

③ Я выхожу́ на сле́дующей остано́вке. 我在下一站下车。

④ Она́ купи́ла две буты́лки молока́ и две́сти грамм колбасы́. 她买了两瓶牛奶和二百克香肠。

⑤ По́сле фи́льма мы бы́ли в магази́не. 看完电影我们去了商店。

⑥ Нау́ка и те́хника бу́дут бы́стро развива́ться. 科学技术将迅速发展。

2. 命令式

动词有第一人称命令式、第二人称命令式和第三人称命令式。

动词第一人称命令式表示说话者要求对方与自己共同行动，译为"（让）我们一起做……"；主语单数时可译为"（让）我做……"，常用于口语。动词第一人称命令式由语气词 дава́й(-те) 加未完成体不定式或完成体第一人称将来时构成，也可以直接使用动词的将来时形式表示。表达否定命令式时要用 Не бу́дем 与未完成体不定式连用，如：

① Дава́йте отдыха́ть.（Дава́йте отдохнём. Бу́дем отдыха́ть. Отдохнём.）咱们休息一下吧。

② Дава́йте споём каку́ю-нибудь пе́сню! 让我们随便唱一首什么歌吧！

③ Дай（Дава́й）я вам помогу́. 我来帮您。

④ Пойдём скоре́е со мной в кино́! 快一点跟我去看电影吧！

⑤ Перейдём к сле́дующему вопро́су. 让我们转入下一个问题。

⑥ Не бу́дем ему́ меша́ть. 咱们别打扰他了。

⑦ Не бу́дем его́ ждать. 不等他了。

⑧ Не бу́дем спо́рить. 咱们别争论了。

动词第二人称命令式表示说话者要求对方进行某行为。构成方法是：

凡动词复数第三人称-ют、-ят 前是元音的,将-ют、-ят 去掉,加-й(-те)即构成,如：читáть(读) — читáют — читáй(-те)；стоя́ть(站立) — стоя́т — стой(-те)。

凡复数第三人称-ют、-ят、-ут、-ат 前是一个辅音,而单数第一人称重音在词尾上的,去掉-ют、-ят、-ут、-ат,加-и(-те)即构成,如：молчáть — молчáт — молчи́(-те)。

凡复数第三人称-ют、-ят、-ут、-ат 前是一个辅音,而单数第一人称重音在词干上的,去掉-ют、-ят、-ут、-ат,加-ь(-те)即构成,如：отвéтить — отвéтят — отвéть(-те)。

请看实例：

① **Не уговáривай**, всё равнó я не соглáсна. 别劝了,我反正不同意。
② **Не беспокóйтесь**, всё бýдет в поря́дке. 别担心,一切都会好(正常)的。
③ **Натáша, закрóй** окнó! 娜塔莎,把窗户关上！
④ **Повторя́йте** чáсто стáрые урóки. 请经常复习旧课。
⑤ **Дáйте** мне, пожáлуйста, газéту. 请给我报纸。
⑥ **Покажи́те** ваш пáспорт. 请出示您的护照。
⑦ **Возьми́те**, не пожалéете. 买吧,不会后悔的。
⑧ **Станови́сь**! Напрáво **равня́йся**! 整队！向右看齐！
⑨ **Подойди́-ка** сюдá! 到跟前来呀！
⑩ **Скажи́те**, как пройти́ к вокзáлу? 请问,车站怎么走？

动词第三人称命令式表示说话人要求第三者进行某行为或者表达一种愿望。构成方法是:语气词 пусть 加动词第三人称形式。如：

① **Пусть все соберýтся** к 9(девяти́) часáм утрá. 让大家在早9点前集合。
② **Пусть выступáет** Петрóв. 让彼得罗夫发言吧。
③ **Пусть бýдет** по-вáшему. 就照您的意见去办。
④ **Пусть дéвочка не плáчет**. 让小姑娘别哭了。
⑤ **Пусть он говори́т**! 让他说吧！
⑥ **Пусть дéти игрáют**. 让孩子们玩吧！
⑦ **Пусть все пойдýт** в кинó. 让大家都去看电影吧！
⑧ **Пусть нáши дéти живýт счастли́во**! 愿我们的孩子们生活幸福！
⑨ **Пусть крéпнет и процветáет** дрýжба мéжду нáшими нарóдами! 祝我们两国人民之间的友谊日益巩固和发展。

3. 假定式

动词假定式表示假设的、某些条件下可能发生的或希望发生的动作。假定式由动词过去时形式加语气词 бы 构成,与主语(人称代词、名词等)的搭配方式同过去时。假定式本身没有时间意义,可以用于任何时间的语境中。简单句用假定式可以表示愿望、请求、劝说、和缓的命令等,在复合句中,主句和从句要同时用假定式。如:

① **Лёг бы** ты отдохну́ть! 你躺下休息吧!

② **Хоте́лось бы** получи́ть ва́шего отве́та побыстре́е. 真想尽快收到您的答复。

③ Мы **пое́хали бы** в Пеки́н! 我们到北京去有多好啊!

④ Без во́здуха и воды́ не **могли́ бы** жить ни лю́ди, ни живо́тные, ни расте́ния. 没有空气和水,人类、动物和植物都不能生存。

⑤ Она́ **ста́ла бы** до́ктором. 她要是当个医生有多好啊!

⑥ Я **проси́л бы** вас не кури́ть сига́ры. 我请您不要吸雪茄了。

⑦ **Пошла́ бы** ты погуля́ть! 你最好去散散步吧!

⑧ Я **хоте́ла бы** в кино́! 我真想去看电影啊!

⑨ **Е́сли бы** вы **пришли́** ра́ньше, вы **уви́дели бы** его́. 您早来一点就能见到他了。

⑩ **Е́сли бы** не дождь, мы бы давно́ **прие́хали**. 要不是下雨,我们早就到了。

三、动词的体

1. 动词未完成体和完成体

俄语动词中大部分有完成体和未完成体两种体的对应,叫对偶体动词。有的由未完成体构成完成体,有的由完成体构成未完成体。少数动词兼有两种体,叫兼体动词,即一个动词既是未完成体,又是完成体。还有一部分动词只有一种体的形式,叫单体动词。

1) 对偶体动词(下面所列动词前一个是未完成体,后一个是完成体) 如:

волнова́ть — взволнова́ть(使激动)   овладева́ть — овладе́ть(掌握)

говори́ть — сказа́ть(说)   остана́вливать — останови́ть(停住)

гото́вить — пригото́вить(准备)   плати́ть — заплати́ть(付款)

иска́ть — найти́(找,找到)   подмета́ть — подмести́(打扫)

спаса́ть — спасти́(救出)   стро́ить — постро́ить(建设)

мыть — вы́мыть(洗)   убива́ть — уби́ть(打死)

有的动词的未完成体和完成体形式有较大不同或根本不同,如:

сади́ться — сесть(坐下)   ложи́ться — лечь(躺下)

класть — положи́ть(放)   лови́ть — пойма́ть(捉住)

§2 俄语词汇体系

2) 兼体动词，如：велéть（吩咐），женить（使娶妻），жениться（结婚），использовать（利用），исслéдовать（研究），обещáть（答应），образовáть（构成），организовáть（组织），рáнить（使受伤）。

3) 单体动词，只有完成体形式的，如：засмеяться 笑起来，побежáть 跑起来，поговорить 谈一谈，пойти 开始走，постоять 站一会儿，прожить 住（若干时间）。

只有未完成体形式的，如：зави́сеть（取决于），зна́чить（意味着），имéть（有），обладáть（具有），отсу́тствовать（缺席，缺乏），принадлежáть（属于），прису́тствовать（出席），руководи́ть（领导），содержáть（含有），состоя́ть（由……组成），сто́ить（值得），существовáть（存在）。

2. 动词体的用法

未完成体表示说话时正在进行、已经进行或将要进行的动作，不指明动作是否达到一定的结果、是否完成。完成体表示说话前已经完成、终止、达到某种结果的动作或说话后将要完成、终止、达到某种结果的动作，如：

① Вчерá я **брал** кни́ги в библиотéке. 昨天我在图书馆借过书。

　Вчерá я **взял** кни́гу в библиотéке. 昨天我在图书馆借了一本书。

② Когдá вы **возвращáлись** домóй, я ужé был дóма. 当您还在路上的时候，我已经到家了。

　Когдá вы **возврати́тесь** домóй, позвони́те мне. 当您到家后，给我打个电话。

③ Сегóдня я **бу́ду повторя́ть** все нóвые словá. 今天我要复习所有新词。

　Сегóдня я **повторю́** все нóвые словá. 今天我要复习完所有新词。

④ Вы **обéдали**? 您吃过饭吗？

　Вы **пообéдали**? 您吃完饭了吗？

⑤ В лéтние кани́кулы я **вставáл** в 7 часóв. 暑假里我7点起床。

　Вчерá я **встал** в 9 часóв. 昨天我9点起床。

⑥ Лéтом я **бу́ду вставáть** рáно. 夏天我将早起。

　Зáвтра я **встáну** рáно. 明天我将早起。

⑦ Я ещё не **читáл** э́той кни́ги. 我还没读过这本书。

　Я ещё не **прочитáл** э́той кни́ги. 我还没读完这本书。

⑧ Я хочу́ **читáть** э́ту кни́гу. 我想读这本书。

　Я хочу́ **прочитáть** э́ту кни́гу. 我想读完这本书。

未完成体动词还可表示经常的、反复的或长时间的动作，表示事物固有的状态、特征、能力等，而完成体动词可表示一次性或瞬间的动作，如：

① От негó я **узнавáла** рáзные нóвости. （以前）我常从他那里打听各种消息。

② Нам нýжно непрерывно получáть цéнную информáцию. 我们需要不断获取有价值的信息。

③ Кáждый день рабóчие начинáют рабóту в 8 часóв. 工人们每天 8 点开始上班。

④ Рыба плáвает в водé, птица летáет в вóздухе. 鱼在水中游，鸟在空中飞。

⑤ Студéнты лю́бят мечтáть. 大学生喜欢幻想。

⑥ Моя́ дочь умылась, одéлась и пошлá в шкóлу. 我的女儿洗好脸、穿好衣服就上学去了。

⑦ Вдруг ей улыбнýлась дочь сосéдки. 突然邻居的女儿对她微笑了一下。

四、动词的态

根据搭配关系，俄语动词分及物动词和非及物动词。凡与不带前置词的第四格名词连用的动词都是及物动词，其他都是非及物动词。及物动词有主动态和被动态两种形式。主动态表示主体发出的动作直接涉及客体（四格），被动态则表示客体（用一格）承受主体（用五格）发出的动作。未完成体的被动态形式由未完成体及物动词加-ся 表示，完成体的被动态由完成体被动形动词短尾表示（句中用 быть 表示时间），只有少数表示自然现象或表示一种状态向另一种状态过渡的词，可由完成体及物动词加-ся 构成被动态。下面主要介绍具有被动态意义的句子。请看：

① Здáние стрóится рабóчими. 楼房由工人们建造。

② Этот ромáн читáется всéми с интерéсом. 这部小说所有人都读得饶有兴致。

③ Наш гóрод чáсто посещáется инострáнными гостя́ми. 我们的城市经常有外国客人来参观。

④ Магазин открывáется с 9 (десяти) часóв утрá до 5 часóв вéчера. 商店早 9 点至晚 5 点营业。

⑤ Дáнная компáния былá созданá в 1982 годý. 该公司创建于 1982 年。

⑥ Костю́мы на ваш рост ужé прóданы. 您这个尺码的西服已经卖完了。

⑦ Все местá номерóваны. 所有座位都是对号的。

⑧ Этот материáл не мнётся, не садится. 这料子不起皱，不缩水。

⑨ Крыша дóма покры́лась снéгом. 屋顶被白雪覆盖。

五、形动词和副动词

形动词是兼有形容词特点的动词形式，有性、数、格的变化，通过动作特征来说明事物,在句中充当定语或表语。形动词根据意义和形式特点分为主动形动词和被动形动词。主动形动词说明动作发出者,分为现在时(由未完成体构成)和过去时(两种体都可构成)。被动形动词说明动作承受者,分为现在时(由未完成体构成)和过去时(由完成体构成)。过去时被动形动词可以构成短尾形式,在句中充当谓语中的表语。

1. 主动形动词

现在时主动形动词的构成与未完成体现在时复数第三人称有一定的对应关系,即-ут → -ущий,-ют → -ющий,-ат → -ащий,-ят → -ящий(其他词尾是:阴性-ая,中性-ее,复数-ие),如:

ждать(等待) — ждут — ждýщий

жить(住,生活) — живýт — живýщий

искáть(寻找) — и́щут — и́щущий

писáть(写) — пи́шут — пи́шущий

занимáться(从事,工作) — занимáются — занимáющийся

игрáть(玩) — игрáют — игрáющий

слýшать(听) — слýшают — слýшающий

читáть(读) — читáют — читáющий

кричáть(叫喊) — кричáт — кричáщий

спать(睡觉) — спят — спя́щий

① **Сверкáющий** снег покры́л ýлицы и кры́ши. 晶莹的雪覆盖着街道和屋顶。

② Мать вернýлась **волнýющаяся**. 母亲回来时很激动。

③ Поздравля́ю вас с **наступáющим** Нóвым гóдом. 预祝你们新年好。

④ Бригáда, **стрóящая** э́то высóкое здáние, состои́т из двадцати́ молоды́х рабóчих. 盖这栋高楼的建筑队由 20 个年轻人组成。

⑤ Я знáю человéка, **сидя́щего** óколо окнá с покýпкой в рукáх. 我认识那个坐在窗前双手拿着买到的东西的人。

⑥ В магази́не, **находя́щемся** ря́дом с гости́ницей «Центрáльная», продаю́т и жéнские костю́мы. 位于中央饭店旁边的那家商店也出售女装。

⑦ Ко мне пришёл товáрищ, **рабóтающий** на завóде. 在工厂里工作的那个同志到我这儿来了。

⑧ Двéри вýзов откры́ты всем ю́ношам и дéвушкам, **имéющим** пóлное срéднее образовáние. 大学的大门是为受过完全中等教育的男女青年敞开着的。

过去时主动形动词的构成与动词过去时有对应关系,即过去时阳性是-л 的,

去掉-л 加-вший。不是-л 的,直接加-ший(其他词尾是:阴性-ая,中性-ее,复数-ие),如:

создáть(创建) — сóздал — создáвший
читáть(读) — читáл — читáвший
вестú(带领) — вёл — вéдший
идтú(步行去) — шёл — шéдший
лечь(躺下) — лёг — лёгший
растú(生长,成长) — рос — рóсший
умерéть(去世,死亡) — ýмер — умéрший

① Сотрýдник, рабóтавший со мной вмéсте, вы́шел на пéнсию. 曾与我一起工作的一位同事退休了。

② Мы бесéдуем с предпринимáтелем, заключúвшим с нáми договóр в прóшлом годý. 我们正和一位企业家座谈,他与我们去年签订了一份合同。

③ На днях бýдут покáзывать фильм, получúвший пéрвую прéмию на кинофестивáле. 近日将上映在电影节上获得一等奖的电影。

④ Я вспóмнил дрýга, прислáвшего мне э́тот ромáн. 我想起了寄给我这本小说的朋友。

⑤ Продавéц, завернýвший покýпку в бумáгу, получúл дéньги и сдал мне 2 юáня сдáчи. 售货员把买的东西包好,收了钱,找给了我两元钱。

⑥ Пропáвшую на прóшлой недéле кнúгу мне так и не удалóсь найтú. 上星期丢失的那本书我始终也没找到。

⑦ Все студéнты, занимáвшиеся иностáнным языкóм, хорошó ýчатся рýсскому языкý. 所有学过一门外语的学生,俄语都学得很好。

⑧ Сейчáс говорúт студéнт, выступáвший в зáле. 现在说话的是那个在礼堂里发过言的学生。

⑨ В нáшей грýппе ýчатся студéнты, приéхавшие из рáзных уголкóв страны́. 在我们班学习的大学生来自祖国各地。

⑩ Преподавáтель рассказáл нам о писáтеле, получúвшем в э́том годý Нóбелевскую прéмию. 老师给我们讲了今年荣获诺贝尔奖的作家。

2. 被动形动词

现在时被动形动词的构成与未完成体现在时复数第一人称有一定的对应关系,即-ем → -емый,-им → -имый(其他词尾是:阴性-ая,中性-ое,复数-ые),如:

испóльзовать(使用,利用) — испóльзуем — испóльзуемый
уважáть(尊敬的) — уважáем — уважáемый

любить(喜爱的) — любим — любимый

переводить(翻译) — переводим — переводимый

① Я часто получаю письма, **присылаемые** моей подругой. 我常收到我女友寄来的信。

② Станки, **производимые** заводом, продаются во всей стране. 工厂生产的车床全国有售。

③ Меня интересовал **обсуждаемый** вопрос. 讨论的问题曾使我感兴趣。

④ Машины, **используемые** на этом заводе, являются самыми современными. 这座工厂中所使用的机器是最现代化的。

⑤ Машины, **выпускаемые** нашим заводом, известны во всей стране. 我们厂生产的机器闻名全国。

⑥ Мы часто ходим на экскурсии, **организуемые** нашим факультетом. 我们经常参加我们系组织的旅游。

⑦ Роман, **читаемый** сейчас мной, очень интересный. 我现在正在读的这本小说非常有趣。

⑧ **Занимаемая** нами квартира состоит из трёх комнат. 我们所占用的住宅有三个房间。

过去时被动形动词的构成与完成体动词不定式的结尾和变位情况有关，长尾形式有三种类型：-енн-(-ённ-)型(-енный,-енная,-енное,-енные)，-нн-型(-нный,-нная,-нное,-нные)，-т-型(-тый,-тая,-тое,-тые)。短尾形式是：前两种类型阳性形式是去掉一个-н-及词尾，阴性-на，中性-но，复数-ны；第三种类型阳性形式去掉词尾，阴性-та，中性-то，复数-ты。句中用 быть 表示时间，如：

построить(建设) — построенный — построен, построена, построено, построены

употребить(使用) — употреблённый — употреблён, употреблена, употреблено, употреблены

написать(写) — написанный — написан, написана, написано, написаны

потерять(丢失) — потерянный — потерян, потеряна, потеряно, потеряны

нагреть(加热) — нагретый — нагрет, нагрета, нагрето, нагреты

обмануть(欺骗) — обманутый — обманут, обманута, обмануто, обмануты

① На собрании было принято важное решение. 会上通过了一项重要决定。

② Билеты могут быть куплены за три дня до отъезда. 票可以在出发前三天买到。

③ На станции и в вагонах запрещено курить. 在站内和车厢内禁止吸烟。

④ Я прочита́л рома́н, при́сланный мне дру́гом. 我看完了朋友寄我的一本书。

⑤ Я взял поку́пку, хорошо́ завёрнутую продавцо́м, и вы́шел из магази́на. 我拿起售货员包好的东西，走出了商店。

⑥ Он верну́л в библиоте́ку прочи́танную кни́гу. 他把读完的那本书还给了图书馆。

⑦ Мы повтори́ли все про́йденные те́ксты. 所有学过的课文我们都复习完了。

⑧ Вся семья́ говори́т о письме́, полу́ченном вчера́ от дя́ди. 全家人都在谈论着昨天收到的叔叔的来信。

⑨ Кни́га, прочи́танная Ва́сей, ещё лежи́т на столе́. 瓦夏读完的书还放在桌子上。

⑩ Де́ти бы́ли дово́льны пода́рками, полу́ченными вчера́. 孩子们（曾）对昨天收到的礼物感到满意。

3. 副动词

副动词兼有动词和副词两种词类特征，并且不再变化。未完成体动词和完成体动词都能构成副动词。副动词在句中表示谓语动词的伴随行为。未完成体副动词表示与谓语动作同时发生的行为，完成体副动词表示与谓语动词的先（后）行为。副动词本身没有时间意义，其时间要由句中谓语动词的时间来确定。副动词所表示的动作特征和动词谓语所表示的动作特征，必须是同一个主体发出的。

未完成体副动词的构成方法：未完成体现在时复数第三人称去掉词尾后，如以 ж、ч、ш、щ 结尾时加-a，如以其他辅音或元音结尾时加-я，如：

держа́ть（拿着，握着）— де́ржат — держа́
иска́ть（寻找）— и́щут — ища́
пла́кать（哭）— пла́чут — пла́ча
спеши́ть（急忙去）— спеша́т — спеша́
нести́（提着，抬着，抱着）— несу́т — неся́
ра́доваться（高兴）— ра́дуются — ра́дуясь
стоя́ть（站立）— стоя́т — сто́я

① Расстава́ясь, они́ пожа́ли ру́ки и обня́лись. 分别时，他们握手拥抱。

② Мы возвраща́емся домо́й, ве́село разгова́ривая. 我们愉快地交谈着回家来。

③ Переходя́ у́лицу, следи́те за сигна́лами светофо́ра. 过马路时，请您注意信号灯。

④ **Сидя** под деревом, мы с Антоном играем в шахматы. 我和安东坐在树下下棋。

⑤ **Сдавая** государственные экзамены, я одновременно продолжаю работать на заводе. 我在参加国家考试的同时，还在工厂继续工作。

⑥ **Идя** по улице, прохожий смотрел на красивые витрины магазинов. 过路人一边沿着街道走着，一边观看着商店的漂亮橱窗。

⑦ **Интересуясь** музыкой, я решил поступить в консерваторию. 我对音乐感到兴趣，决定考进音乐学院。

完成体副动词的构成方法是：如完成体动词过去时阳性词尾是-л，则去掉-л加-в；如词尾是其他辅音时，则直接加-ши，如：

взять（拿）— взял — взяв
встретить（遇见,迎接）— встретил — встретив
запереться（锁上）— заперся — запершись
привезти（领来,带来）— привёз — привёзши
спасти（挽救）— спас — спасши

① **Закончив** работу, он отдохнул. 结束工作后，他休息了一会儿。

② **Закончив** работу, он отдыхает. 结束工作后，他总要休息一会儿。

③ **Закончив** работу, он будет отдыхать. 结束工作后，他将休息一会儿。

④ **Пообедав** в ресторане, они пошли в кино. 在饭馆吃完午饭后，他们就去看电影了。

⑤ **Встретив** Кирилла, я поздоровался с ним. 我遇见基里尔后，就跟他打了招呼。

⑥ **Встретившись** у метро, они поздоровались друг с другом. 他们在地铁站相遇后，彼此就打了招呼。

⑦ **Получив** письмо, она сразу ответит на него. 她接到信后将会立刻写回信。

⑧ **Прочитав** книгу с весёлыми картинками, он вернул её товарищу. 他看完了带有趣味插图的书之后，就把书还给了同学。

⑨ **Кончив** театральный институт, Наташа будет артисткой. 戏剧学院毕业后，娜塔莎将要当一名演员。

⑩ **Потеряв** номер её телефона, я не смог позвонить ей. 我弄丢了她的电话号码，所以就没法再给她打电话了。

六、定向动词和不定向动词

俄语中有十四对不带前缀的表示运动的动词，叫运动动词。它们有定向与不定向的区别，如：（下面所列动词左面是定向动词，右面是不定向动词）

идти́ — ходи́ть 走，步行
е́хать - е́здить 走（专指乘车、船等）
бежа́ть — бе́гать 跑
лете́ть — лета́ть 飞
плыть — пла́вать 游泳
везти́ — вози́ть 运送
нести́ — носи́ть 拿
вести́ — води́ть 引导
гнать — гоня́ть 赶
тащи́ть — таска́ть 拖
ползти́ — по́лзать 爬
лезть — ла́зить 爬，钻
брести́ — броди́ть 徘徊，蹒跚
кати́ть — ката́ть（滚着）推动

定向动词表示朝着一定方向的一次性运动，或单向经常的重复行为，如：

① Вчера́, когда́ я шёл на по́чту, я встре́тился со свои́м сосе́дом. 昨天我去邮局时，遇见了我的邻居。

② Сего́дня па́па е́хал на рабо́ту на такси́. 今天爸爸坐出租车上的班。

③ Он несёт с собо́й тяжёлый чемода́н. 他随身带着一个沉重的箱子。

④ Сейча́с она́ идёт к остано́вке авто́буса. 现在她在去公共汽车站。

⑤ Мать зовёт дете́й, и они́ бегу́т к ней. 母亲呼唤孩子们，于是他们就向她跑去。

⑥ Сейча́с Ко́ля плывёт к бе́регу. 现在科里亚正向着河岸游着。

⑦ Сего́дня в 8 часо́в утра́ самолёт лети́т в Шанха́й. 今天早晨八点飞机飞往上海。

不定向动词表示无一定方向的运动，往返运动，或人和事物具备的某种能力，如：

① Де́ти бе́гают во дворе́. 孩子们在院子里跑着。

② Я е́здил в магази́н. 我去了趟商店（往返运动）。

③ Он хо́дит по у́лице. 他在街上走着。

④ Мы пла́ваем о́коло бе́рега. 我们在河岸附近游泳。
⑤ Они́ хо́дят в кино́ ка́ждое воскресе́нье. 他们每星期日都去看电影。
⑥ Ка́ждый день я е́зжу на заво́д на авто́бусе. 每天我都乘公共汽车去工厂。
⑦ Неда́вно оте́ц лета́л на самолёте в Шанха́й. 不久前父亲曾坐飞机去过上海。
⑧ Пти́ца лета́ет, а змея́ по́лзает. 鸟会飞，蛇会爬。

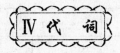

代词用来指称事物及其特征。按意义代词有如下几类：

人称代词：я 我，ты 你，он 他，она́ 她，оно́ 它，мы 我们，вы 你们/您，они́ 他（她、它）们。

反身代词：себя́ 自己。

物主代词：мой 我的，наш 我们的，твой 你的，ваш 你们的，您的，его́ 他（它）的，её 她的，их 他（她、它）们的，свой 自己的。

疑问——关系代词：кто 谁，что 什么，како́й 什么样的，како́в 怎么样，кото́рый 哪个，чей 谁的。

指示代词：э́тот 这个，тот 那个，тако́й 这样的，тако́в 这样。

限定代词：сам 自己，本人，са́мый 本身的，весь 整个的，ка́ждый 每个，вся́кий 任何的，любо́й 无论哪个。

不定代词：не́кто 某人，не́что 某物，не́который 某种的，кто́-то 有某人，что́-то 有某物，кое-кто́ 某人，кое-что́ 某物，кто́-нибудь（-либо）随便谁，что́-нибудь（-либо）随便什么。

否定代词：не́кого 没有谁，не́чего 没有什么，никто́ 谁也不，ничто́ 什么也不，никако́й 哪样也不，ниче́й 谁的也不。

一、代词的变格

表1

格	я	ты	он(-о́)	она́	мы	вы	они́	себя́	кто	что
二	меня́	тебя́	его́	её	нас	вас	их	себя́	кого́	чего́
三	мне	тебе́	ему́	ей	нам	вам	им	себе́	кому́	чему́

格									
四	меня	тебя	его	её	нас	вас	их	себя	кого	что
五	мной	тобой	им	ей	нами	вами	ими	собой	кем	чем
六	обо мне	о тебе	о нём	о ней	о нас	о вас	о них	о себе	о ком	о чём

表2

格	мой			наш			этот			тот		
一	мой (-ё)	моя	мои	наш (-е)	наша	наши	это (-т)	эта	эти	то (-т)	та	те
二	-его	-ей	-их	-его	-ей	-их	-ого	-ой	-их	-ого	-ой	-ех
三	-ему	-ей	-им	-ему	-ей	-им	-ому	-ой	-им	-ому	-ой	-ем
四	—	-ю	—	—	-у	—	—	-у	—	—	-у	—
五	-им	-ей	-ими	-им	-ей	-ими	-им	-ой	-ими	-ем	-ой	-еми
六	-ём	-ей	-их	-ем	-ей	-их	-ом	-ой	-их	-ом	-ой	-ех

表3

格	весь			сам			чей		
一	весь (всё)	вся	все	сам (-о)	сама	сами	чей (-ё)	чья	чьи
二	всего	-ей	-ех	-ого	-ой	-их	чьего	чьей	чьих
三	-ему	-ей	-ем	-ому	-ой	-им	чьему	чьей	чьим
四	—	-ю	—	—	-у	—		чью	
五	-ем	-ей	-еми	-им	-ой	чьими	чьим	чьей	чьими
六	-ём	-ей	-ех	-ом	-ой	-их	чьём	чьей	чьих

注1：表格中"——"表示"同一格或二格"。

注2：свой、твой 的变化同 мой。

注3：ваш 的变化同 наш。

注4：всякий, любой, каждый, какой, который, некоторый, самый, такой 的

变化与同一词尾的形容词变化相同。

注5：物主代词 его、её、их 没有格的变化形式。

二、代词的用法

1. 人称代词、反身代词和物主代词的用法

人称代词指出人在语言交际中的地位，有人称和数的变化。第三人称代词单数还有性的区别。

反身代词 себя 表示动作的客体，没有第一格形式，没有性、数的变化，只有格的变化，用什么格，依据它在句中的地位而定。

свой 表示它所说明的事物与句中主语或主体的领属关系。мой, твой, наш, ваш, его, её, их 表示从说话者角度出发事物属于哪个人称，如：

① Володя, куда́ **ты** идёшь? 瓦洛佳，你去哪儿？

② Я люблю́ **тебя́**. 我爱你。

③ Я нали́л **ему́** стака́н ча́ю. 我给他倒了一杯茶。

④ Дире́ктор у **себя́** в кабине́те. 经理在自己的办公室里。

⑤ Он верну́лся и пошёл **к себе́ домо́й**. 他一回来就往自家走去。

⑥ Я купи́ла **себе́** руба́шку. 我给自己买了一件衬衣。

⑦ Я недово́лен **собо́й**. 我对自己不满意。

⑧ Я вы́сказал **своё** мне́ние. 我说出了自己的意见。

⑨ Как бы ты поступи́л на **моём** ме́сте? 要是你处于我的位置上会怎么办呢？

⑩ Ва́ня и **его́** ста́ршая сестра́ пришли́ в теа́тр. 万尼亚和他姐姐到了剧院。

2. 指示代词和限定代词

指示代词 э́тот、тот 有性、数、格的变化，要与连用的名词在性、数、格上一致。

限定代词 весь、вся́кий、сам、са́мый 都可以与名词或人称代词连用，都要在性、数、格上与名词或人称代词一致。сам 表示"本人，自己"的意思，强调正是该人或该物。сам 也表示人或事物独自进行或完成某行为，在句中可作主语。сам 用于其他格时，可与 себя́ 搭配。са́мый 表示"正是、就是、本身"等意义，用于表示空间或时间意义的词组中，强调"正是在"或"直到"某处或某时间，如：

① **Э́ти** това́ры о́чень ка́чественные, и цена́ их невысо́кая. 这些商品质量很好，而且价钱也不高。

② На **э́той** неде́ле тот челове́к уе́хал в Харби́н. 这星期那个人去哈尔滨了。

③ Дай мне **э́ту** кни́гу, а **ту** оста́вь у себя́. 请把这本书给我，而那本你自己留着吧。

④ **То** была́ семнадцатиле́тняя де́вушка. 那是位17岁的姑娘。

⑤ Она́ прочита́ла все кни́ги. 她读完了所有的书。
⑥ Все мы занима́емся физкульту́рой. 我们都从事体育锻炼。
⑦ Сам президе́нт прису́тствовал на собра́нии. 总统本人参加了会议。
⑧ Не ду́майте то́лько о само́м себе́. 不能只想着自己。
⑨ Вот та са́мая кни́га, о кото́рой я говори́л. 这就是我说过的那本书。
⑩ — Прости́те, кто из вас Ива́н Петро́вич? "问一下，你们中谁是伊万·彼得罗维奇？"
— Я са́мый. "我就是。"

3. 不定代词

带 кое- 的不定代词表示说话人确切知道某人、某事物或某特征等，但不明确指出。这类代词有：кое-кто́ 某人，кое-что́ 某物，кое-како́й 某种。

带 -то 的不定代词表示说话人知道有某人、某事物或某特征等，但不确切知道究竟是什么人、什么事物或什么特征等，这类代词有：кто́-то 某人（不知是谁），что́-то 某物（不知是什么），како́й-то 某种（不知什么样的），чей-то 某人的（不知是谁的）。

带 -нибу́дь(-ли́бо) 的不定代词表示说话人并不清楚是否存在某人、某事物或某特征。这类代词有：кто́-нибудь 不论谁，随便什么人，что́-нибудь 不管什么，随便什么，како́й-нибудь 不论什么样的，随便什么样的，чей-нибудь 不论谁的，随便谁的。如：

① **Кое-кто́** не́ был на ве́чере. 有人没有参加晚会。[知道是谁但不说]
② **Кто́-то** стучи́т в дверь. 有人在敲门。[知道有人，但不知道是谁]
③ **Кто́-нибудь** ко мне приходи́л? 有谁到我这儿来过吗？[到底有没有不知道]
④ **Кое-каки́е** вопро́сы уже́ закры́ты. 有些问题已经解决了。
⑤ Вдали́ **что́-то** случи́лось. 远处发生了什么事儿。
⑥ Бери́ **чью́-нибудь** кни́гу почита́ть. 随便拿本谁的书看看。

再比较：

⑦ Он **кое-что́** чита́л о компью́тере. 他读过一些计算机方面的东西。
⑧ Он уже́ **что́-то** чита́л о компью́тере. 他已经读过计算机方面的某些东西。
⑨ Он хо́чет почита́ть **что́-нибудь** о компью́тере. 他想读一点计算机方面的东西。

4. 否定代词

带 ни- 的否定代词用在动词否定句中，表示加强了的否定，这类代词有：никто́ 谁也不，ничто́ 什么也不，нигде́ 什么地方都不（在），никогда́ 什么时候都不，никуда 什么地方也不（去）。这些词中 никто́ 和 ничто́ 有六个格的变化，其他词不变。

带 не- 的否定代词用在不定式句中，主体用第三格形式，表示行为因为缺乏主体或客体而无法进行，这类代词有：не́кого 没有谁（能做），не́чего 没有什么（事可做），не́когда 没时间（做），не́где 无处可（呆），не́куда 无处可（去）。这些词中 не́кого 和 не́чего 有二至六格的变化，但没有第一格形式，其他词不变。请比较：

① Он **ниче́м** не занима́ется. 他什么事也没做。

② Ему́ **не́чем** занима́ться. 他没什么可做的。

③ Я **ни с кем** не говори́л об э́том. 我没和任何人说起这件事。

④ **Не́ с кем** поговори́ть. 没人可交谈。

⑤ В воскресе́нье Анто́н **никуда́** не е́хал, да и ему́ **не́куда** бы́ло е́хать. 星期天安东哪儿也没去，也没处可去。

⑥ **Не́зачем** вспомина́ть о про́шлом. 没必要回忆过去。

⑦ Земли́ мно́го — продава́ть **не́кому**. 土地很多，可没谁能卖。

никто́, ничто́ 和 не́кого, не́чего 跟前置词搭配时，前置词将这些词在中间分开，即：

ни от кого́(чего́), ни к кому́(чему́), ни на кого́(что), ни о ко́м(чём);
не́ от кого(чего), не́ к кому(чему), не́ на кого(что), не́ о ком(чём) 等。

V 数词

数词分为数量数词（基数词）和顺序数词（序数词）。数量数词表示抽象的数目或事物的数量，回答 ско́лько 的问题。顺序数词表示事物的排列顺序，回答 кото́рый 的问题。

一、定量数词

1. 定量数词及变格

俄语中，总共有 39 个基本定量数词，它们是：

оди́н（阳性）[одна́ 阴性, одно́ 中性, одни́ 复数] 1
два（две）[два 与阳性、中性名词连用，две 与阴性名词连用] 2

три 3	шестна́дцать 16	две́сти 200
четы́ре 4	семна́дцать 17	три́ста 300
пять 5	восемна́дцать 18	четы́реста 400
шесть 6	девятна́дцать 19	пятьсо́т 500

семь 7   двадцать 20   шестьсо́т 600
во́семь 8   тридцать 30   семьсо́т 700
де́вять 9   со́рок 40   восемьсо́т 800
де́сять 10   пятьдеся́т 50   девятьсо́т 900
оди́ннадцать 11   шестьдеся́т 60   ты́сяча 1000
двена́дцать 12   се́мьдесят 70   миллио́н 1 000 000（一百万）
трина́дцать 13   во́семьдесят 80   миллиа́рд 1 000 000 000（十亿）
четы́рнадцать 14 девяно́сто 90
пятна́дцать 15   сто 100

定量数词的变格具体参见下表：

表 1

格	оди́н(одно́)	одна́	одни́	два(две)	три	четы́ре
二	одного́	одно́й	одни́х	двух	трёх	четырёх
三	одному́	одно́й	одни́м	двум	трём	четырём
四	同一或二	одну́	同一或二			
五	одни́м	одно́й	одни́ми	двумя́	тремя́	четырьмя́
六	об одно́м	об одно́й	об одни́х	о двух	о трёх	о четырёх

表 2

格	пять	во́семь	пятьдеся́т	со́рок	девяно́сто
二	пяти́	восьми́	пяти́десяти	сорока́	девяно́ста
三	пяти́	восьми́	пяти́десяти	сорока́	девяно́ста
四	同一				
五	пятью́	восьмью́	пятью́десятью	сорока́	девяно́ста
六	о пяти́	о восьми́	о пяти́десяти	о сорока́	о девяно́ста

表3

格					
一	сто	две́сти	три́ста	четы́реста	пятьсо́т
二	ста	двухсо́т	трёхсо́т	четырёхсо́т	пятисо́т
三	ста	двумста́м	трёмста́м	четырёмста́м	пятиста́м
四			同一		
五	ста	двумяста́ми	тремяста́ми	четырьмяста́ми	пятьюста́ми
六	о ста	о двухста́х	о трёхста́х	о четырёхста́х	о пятиста́х

其他数词的变格参照上表。

任何一个数目都可由这39个基本定量数词单独或组合之后表示，如：

67　шестьдеся́т семь

101　сто оди́н

注意：俄语是以千（百万、十亿）作为定位单位的。汉语的一万在俄语里是十千，十万是一百千。一千万是十个百万。一百个亿是十个十亿。以此类推。如：

20 018 — два́дцать ты́сяч восемна́дцать

5 966 400 — пять миллио́нов девятьсо́т шестьдеся́т шесть ты́сяч четы́реста

65 865 300 — шестьдеся́т пять миллио́нов восемьсо́т шестьдеся́т пять ты́сяч три́ста

365 697 400 — три́ста шестьдеся́т пять миллио́нов шестьсо́т девяно́сто семь ты́сяч четы́реста

中国有十三亿人口。— В Кита́е всего́ миллиа́рд три́ста миллио́нов челове́к.

2. 定量数词的用法

数词1或个位数是1的数词与名词连用时，应在性上与名词保持一致，如：

оди́н каранда́ш 一支铅笔

одна́ ру́чка 一支钢笔

одно́ я́блоко 一个苹果

со́рок оди́н стол 41张桌子

数词2、3、4或个位数是2、3、4的数词与名词连用时，2有性的搭配，应与名词保持一致。3、4没有性的搭配要求，可以和任意性属的名词搭配。2、3、4都要求与其搭配的名词变单数第二格，如果数词和名词之间有形容词时，形容词应变为复数第二格，如：

два сту́ла 两把椅子

два окна́ 两扇窗户

две карти́ны 两张画

две краси́вых ю́бки 两条漂亮的裙子

три цветны́х телеви́зора 三台彩色电视机

шестьдеся́т три челове́ка 63 个人

сто четы́ре ко́мнаты 104 个房间

ты́сяча четы́ре складны́х зо́нтика 1 004 把折叠伞

　　数词 5 及 5 以上的数词与名词搭配时没有性的要求，但要求与其搭配的名词和形容词都变复数第二格，如：

пять докла́дов 五份报告

де́сять фотоаппара́тов 十架相机

девятна́дцать бло́ков сигаре́т 19 条烟

две́сти два́дцать грамм жасми́нового зелёного ча́я 220 克茉莉花茶

семь ты́сяч пятьсо́т со́рок шесть электри́ческих игру́шек 7 546 个电动玩具

　　定量数词在句中充当句子成分，需要变格时，与其连用的名词应变成相应的复数形式，如：

① Три ра́за в день он принима́ет лека́рство. 他一天吃三次药。

② На мои́х часа́х два часа́ де́сять мину́т. 我的表是两点十分。

③ В тече́ние трёх лет он рабо́тал над пла́ном. 三年内他一直致力于研制这个计划。

④ В шести́ киломе́трах отсю́да нахо́дится суперунверма́г. 离此六公里处有一个大百货商店。

⑤ Я уви́дел три́дцать одного́ ма́льчика. 我看见了 31 个小男孩。

⑥ Дире́ктор бесе́дует с тремя́ ста́рыми рабо́чими. 经理正在同 3 个老工人谈话。

⑦ В при́городе постро́или во́семь но́вых школ. 市郊建起了 8 所新学校。

⑧ В э́тому году́ в на́шей шко́ле бы́ло при́нято три́ста пятьдеся́т пять но́вых ученико́в. 今年我们学校招收了 355 名新生。

⑨ Самолёт состои́т из пяти́ основны́х часте́й. 飞机由 5 个主要部分组成。

⑩ Ло́дка останови́лась в четырёх киломе́трах от бе́рега. 小船停在离岸 4 公里处。

二、不定量数词

　　不定量数词表示不确切的数量，如：мно́го 很多，немно́го 不多，ма́ло 少，нема́ло 不少，ско́лько 多少，не́сколько 几个，сто́лько 这样（那样）多。

不定量数词的变格具体参见下表：

格	мно́го	не́сколько	ско́лько
一	мно́го	не́сколько	ско́лько
二	мно́гих	не́скольких	ско́льких
三	мно́гим	не́скольким	ско́льким
四	同一或二		
五	мно́гими	не́сколькими	ско́лькими
六	о мно́гих	о не́скольких	о ско́льких

注：ма́ло, нема́ло 通常用于一、四格，没有其他间接格形式。

不定量数词与名词连用作主语时，谓语动词一般用第三人称单数，过去时用中性，但 не́сколько 例外，谓语用复数；不定量数词是一、四格时，与其连用的形容词和名词用复数二格(表示抽象意义、集合意义及物质意义的名词用单数二格)；不定量数词是其他各格时，与其连用的形容词和名词应用复数同格形式，如：

① В за́ле ма́ло люде́й. 大厅里人很少。

② Здесь рабо́тает мно́го иностра́нцев. 这里工作着很多外国人。

③ Я взял из библиоте́ки мно́го интере́сных книг. 我从图书馆借到了很多有趣的书。

④ В стака́не немно́го молока́. 杯子里牛奶不多。

⑤ Я быва́л во мно́гих места́х. 我去过很多地方。

⑥ Нас мно́го, а вас ма́ло. 我们人多，你们人少。

⑦ Ско́лько сто́ит анана́с? 菠萝多少钱(一斤)？

⑧ Вчера́ я встре́тил не́сколько друзе́й. 昨天我遇到了几位朋友。

⑨ Не́сколько челове́к вы́ступили на собра́нии. 会上有几个人发了言。

⑩ Он овладе́л не́сколькими иностра́нными языка́ми. 他掌握了几门外语。

三、顺序数词

顺序数词表示事物的排列顺序，其变化大多数同于相应词尾的形容词，如：

пе́рвый 第一的　　　　　　восьмо́й 第八的

второ́й 第二的　　　　　　девя́тый 第九的

тре́тий 第三的　　　　　　деся́тый 第十的

четвёртый 第四的　　　　оди́ннадцатый 第十一的

пя́тый 第五的　　　　　　двена́дцатый 第十二的

шесто́й 第六的　　　　　　трина́дцатый 第十三的

седьмо́й 第七的　　　　　четы́рнадцатый 第十四的

пятна́дцатый 第十五的 со́тый 第一百的
шестна́дцатый 第十六的 двухсо́тый 第二百的
семна́дцатый 第十七的 трёхсо́тый 第三百的
восемна́дцатый 第十八的 четырёхсо́тый 第四百的
девятна́дцатый 第十九的 пятисо́тый 第五百的
двадца́тый 第二十的 шестисо́тый 第六百的
тридца́тый 第三十的 семисо́тый 第七百的
сороково́й 第四十的 восьмисо́тый 第八百的
пятидеся́тый 第五十的 девятисо́тый 第九百的
шестидеся́тый 第六十的 ты́сячный 第一千的
семидеся́тый 第七十的 миллио́нный 第一百万的
восьмидеся́тый 第八十的 миллиа́рдный 第十亿的
девяно́стый 第九十的

合成数词变顺序数词时，只将末尾一个数词构成顺序数词，其他不动，如：
два́дцать пе́рвый 第二十一的
сто три́дцать пя́тый 第一百三十五的
ты́сяча девятьсо́тый 第一千九百的

与名词搭配时，顺序数词应与名词在性、数、格上保持一致。顺序数词的变格同形容词。如：

пе́рвый телевизио́нный кана́л 第一电视频道
шесты́е очки́ 第六副眼镜
жи́ть в три́дцать второ́й ко́мнате 在第32间房间里住（住在第32号房间里）
Мой брат у́чится в со́рок пе́рвой сре́дней шко́ле. 我弟弟在第四十一中读书。

Оди́ннадцатая пятиле́тка уже́ успе́шно вы́полнилась. 第11个五年计划已经顺利完成。

Он пе́рвый на на́шем факульте́те студе́нт. 他是我们系里最好的学生。

Это — де́ло деся́тое. 这是没有什么关系的事。

Пе́рвый отве́тил хорошо́, а втора́я отве́тила пло́хо. 第一个（人）回答得很好，而第二个（人）回答得不好。

Тре́тий пел лу́чше пе́рвого. 第三个（人）唱得比第一个（人）好。

四、世纪、年、日、钟点和年龄的表示法

"第×世纪、第×年代、第×年"分别用顺序数词加 век、го́ды、год 表示，回答 кото́рый 的问题。"在第×世纪、第×年代、第×年"用 в 加六格表示，回答 в кото́ром ве́ке(году́)(когда́)的问题。如：

два́дцать пе́рвый век 21 世纪

в два́дцать пе́рвом ве́ке 在 21 世纪

девяно́стые го́ды 90 年代

в девяно́стых года́х 在 90 年代

в 50-х (пятидеся́тых) года́х про́шлого ве́ка 在上世纪 50 年代

тридца́тые го́ды настоя́щего ве́ка 本世纪 30 年代

две ты́сячи тре́тий год 2003 年

в две ты́сячи оди́ннадцатом году́ 在 2011 年

"×号(日)"用顺序数词加 число́ 一格形式表示，回答 како́е число́ 的问题。"在×号(日)"用

顺序数词加 число́ 二格形式表示，回答 како́го числа́(когда́)的问题。число́ 一词只是在提问时使用，其他情况下通常省略，如：

тридца́тое апре́ля 四月三十日

пя́тое а́вгуста 八月五日

два́дцать пе́рвое сентября́ 九月二十一日

двадца́того января́ 在一月二十日

два́дцать пя́того октября́ 在十月二十五日

седьмо́го ноября́ 在十一月七日

Заня́тия начали́сь пе́рвого сентября́. 9 月 1 日开学(上课)了。

Два́дцать тре́тьего сле́дующего ме́сяца я пое́ду в командиро́вку. 下个月的 23 号我将出差去。

表示"某年、某月"或"在某年、某月、某日"时，表示年月日的词一律用不带前置词的第二格。

Я роди́лся тре́тьего ию́ля ты́сяча девятьсо́т шестьдеся́т восьмо́го го́да. 我出生于 1968 年 7 月 3 日。

Это случи́лось второ́го ма́я ты́сяча девятьсо́т два́дцать пе́рвого го́да. 这件事发生在 1921 年 5 月 2 日。

"×点×分"用定量数词加 час, мину́та 表示，回答 кото́рый час 的问题。"在×点钟"用 в 加四格表示，回答 в кото́ром часу́(когда́)的问题。口语中 час, мину́-

та 可省略,如:

два часá 两点钟

пять три́дцать(пять с полови́ной) 五点三十分

оди́ннадцать часо́в пятна́дцать мину́т(оди́ннадцать с че́твертью) 十一点十五分

в три с полови́ной 在三点半

в во́семь три́дцать 在八点三十分

в де́сять часо́в де́сять мину́т 在十点十分

"差×分钟到×点钟"用 без 加定量数词二格表示(所差的时间常少于30分钟),"×点"用定量数词一格表示。口语中 час,мину́та 可省略,回答 кото́рый час 或 в кото́ром часу́(когда́)的问题。如:

без пяти́(мину́т)пять(часо́в) 差五分到五点

без десяти́ семь 差十分七点

без че́тверти два 差一刻钟到两点

年龄表示法是由第三格的名词或人称代词 + 定量数词第一格 + год(оди́н 后接 год;два,три,четы́ре 后接 го́да;пять 以上接 лет)。如:

Ему 31 год. 他31岁了。

Моему́ бра́ту 24 го́да. 我的哥哥24岁了。

Э́той де́вочке то́лько пять лет. 这个小女孩刚刚5岁。

Мне уже́ за со́рок де́вять лет. 我已过49岁了。

VI 副 词

副词表示动作或状态的特征或特征的特征,主要说明动词、形容词、副词及名词(主要是动名词)。

一、副词的意义类别

副词按意义分类为:

表示性质的,回答 как(如何,怎样)的问题,如:ва́жно 重要,дёшево 廉价地,до́рого 贵,жа́рко 炎热地,легко́ 容易,опа́сно 危险地,оши́бочно 错误地,пло́хо 坏,пра́вильно 正确地,про́сто 简单地,светло́ 明亮地,сло́жно 复杂地,темно́ 黑暗地,тепло́ 温暖地,ти́хо 静悄悄地,хо́лодно 冷,хорошо́ 好,чи́сто 清洁地,шу́мно

喧闹。

表示行为方法的,回答 как(怎样),каким образом(以什么方式)的问题,如:вслух 出声地,громко 高声地,дружески 友好地,отчётливо 清晰地。

表示时间的,回答 когда(什么时候)的问题,如:весной 春天里,вечером 晚上,вчера 昨天,днём 白天,завтра 明天,зимой 冬天里,летом 夏天里,осенью 秋天里,позавчера 前天,послезавтра 后天,сегодня 今天,скоро 很快,утром 早晨。

表示地点的,回答 где(在哪儿),куда(去哪儿),откуда(从哪儿来)的问题,如:здесь 在这儿,отсюда 从这儿,оттуда 从那儿,сюда 往这儿,там 在那儿,туда 往那儿。

表示程度、度量的,回答 сколько(多少),насколько(到什么程度),сколько раз(多少次),во сколько раз(是多少倍),в какой степени(是什么程度)的问题,如:втрое(больше)(多)两倍,дважды(требовать)(要求)两次,много(работать)(活干得)很多,немного(хуже)(差)很多,слишком 太,过分。

表示原因的,回答 почему(为什么),отчего(因为什么),по какой причине(什么原因)的问题,如:поневоле(уехать)迫不得已(离开),сгоряча(сказать)由于激动(说),спроста(сделать)无意中(做)。

表示目的的,回答 зачем(为了什么目的),для чего(为了什么)的问题,如:затем(приехать)为此(而来),назло(мне сделать)为(让我)为难(才做),нарочно(сделать)故意(做)。

表示否定意义的,如:негде 无处可(在),незачем 没有必要,некогда 没有时间可,неоткуда 无处可(获得),нигде 什么地方也不,никак 怎么也不,никогда 从不,永不,никуда 哪儿也不,ниоткуда 从哪儿也不。(用法见"否定代词")

表示不定意义的,由疑问副词加-то、кое-、-нибудь 构成,如:где-то 某地(不确知),когда-то 某时,кое-где 某地(确知),кое-когда 有时,где-нибудь 随便什么地方,когда-нибудь 随便什么时候。(用法见"不定代词")

表示疑问关系的,如:где 在哪儿,зачем 为什么(表目的),как 怎样,когда 什么时候,куда 去哪儿,откуда 从哪儿,почему 为什么(表原因),сколько 多少。

例句如下:

① Эта ручка **хорошо** пишет. 这支钢笔很好使。

② Я обедаю в столовой. Там **быстро и экономно**. 我在食堂吃饭,那里既快又省钱。

③ Мы **немного** говорим по-русски. 我们会说一点俄语。

④ Этот цвет **слишком** тёмный(светлый). 这颜色太深了(太浅了)。

⑤ Количество первой партии **вдвое больше**. 第二批的数量多了一倍。

⑥ Мы когда-то виделись. 我们什么时候见过面。
⑦ Вам подсчитать вместе или отдельно? 你们是合在一起算,还是分开算?
⑧ Кто-нибудь звонил мне? 有人给我打电话吗?
⑨ Откуда вы родом? 您是哪儿(生)人?
⑩ Сколько стоят ботинки на высоких каблуках? 这双高跟鞋多少钱?

二、副词的比较级和最高级

部分以-o结尾的表性质的副词可以构成单一式和复合式比较级,其构成方法与相应的形容词构成比较级的方法相同。性质副词单一式比较级加всего(与事物相比较)或всех(与人相比较),即表示最高级意义。性质副词比较级和最高级在句中作状语,主要用来说明动词。如:

① Солнце поднимается всё выше. 太阳升得越来越高。
② Он объясняет более чётко. 他讲解得较清晰。
③ Здесь река течёт быстрее, чем там. 这儿的水流比那儿急。
④ Это стоит дешевле. 这比较便宜。
⑤ Идите дальше. 继续走。
⑥ Мы с вами чаще видимся, чем раньше. 我们比从前更频繁地见面了。
⑦ Перевод телеграфом стоит дороже почтового перевода примерно в три раза. 汇比邮汇大约贵三倍。
⑧ Что вам больше нравится: виски или коньяк? 您更喜欢什么酒:威士忌还是白兰地。
⑨ Нина больше всего любит играть на скрипке. 尼娜最喜欢拉小提琴。
⑩ Нина больше всех любит играть на скрипке. 尼娜比谁都喜欢拉小提琴。

三、谓语(述谓)副词

俄语中,有些副词,表示各种静止的状态和应该(不应该)、能够(不能够)等情态意义,作无人称句的主要成分。这类副词叫谓语(述谓)副词。个别谓语(述谓)副词有比较级形式。

可以表示人的感觉和心理状态,如:весело 愉快,грустно 忧伤,душно 闷热,жарко 热,обидно 委屈,радостно 高兴,скучно 寂寞,стыдно 害羞,трудно 困难,холодно 冷。

可以表示自然现象和周围环境,如:пусто 空旷,светло 明亮,солнечно 阳光充足,темно 黑暗,тесно 拥挤,шумно 喧闹。

可以表示应该、必须和可能等情态意义,如:возможно 可能,можно 可以,надо 应该, невозмо́жно 不可能, нельзя́ 不许, необходи́мо 必须, ну́жно 应该。

可以表示其他意义, 如: ви́дно 看得见, вре́мя 该……时候, жаль 可惜, неохо́та 不愿意, охо́та 愿意, пора́ 到……时候, слы́шно 听得见。

谓语(述谓)副词作无人称句的主要成分, 要求主体第三格。有的谓语(述谓)副词可以和动词不定式连用, 共同作无人称句的主要成分。谓语(述谓)副词作主要成分的句子, 时间借助于某些动词的无人称形式表示: 现在时一般不用, 过去时用бы́ло, ста́ло, станови́лось, 将来时用бу́дет, ста́нет 来表示。如:

① Де́тям бу́дет ве́село. 孩子们心情将很高兴。
② Мне хо́лодно. 我冷。
③ На у́лице шу́мно. 大街上很喧闹。
④ В ко́мнате бы́ло светло́. (那时)房间里光线充足。
⑤ Нам пора́ идти́. 我们该走了。
⑥ Отсю́да хорошо́ ви́дно. (从)这里能看得清楚。
⑦ Больно́му к утру́ ста́ло лу́чше. 早晨病人见好些。
⑧ Сего́дня о́чень тепло́. 今天很暖和。
⑨ На у́лице бы́ло темно́. 外面很黑。
⑩ Мне ста́ло ве́село. 我感到快活起来。

有些谓语(述谓)副词可以带补语, 它们是: бо́льно(ру́ку, но́гу) 手、脚疼, ви́дно(что) 看得见, дово́льно(чего́) 足够, доста́точно(чего́) 足够, жаль(чего́) 可惜, на́до(что), ну́жно(что), слы́шно(что) 听得见, сты́дно(за кого́-что) 为……害臊。

① Де́тям на́до любви́, внима́ния. 孩子们需要爱, 需要关心。
② Кого́ вам ну́жно(на́до)? 您找谁?
③ Дово́льно разгово́ров! 够了, 别谈了!
④ Издалека́ ви́дно бу́кву "М". Э́то, зна́чит, ста́нция метро́. 从远处就能看到字母"М"。这就意味着是地铁站。
⑤ Отсю́да ви́дно на́шу фа́брику. 从这里可以看到我们的工厂。
⑥ Для э́той рабо́ты доста́точно шести́ челове́к. 这项工作6个人就够了。
⑦ На ю́ге дово́льно дожде́й. 南方雨水充足。
⑧ Мне сты́дно за тебя́. 我替你难为情。
⑨ Говори́те гро́мче, вас не слы́шно. 请讲响一些, 听不见您说的话。
⑩ Мне вас жаль. 我觉得你可怜。

VII 前置词

前置词是俄语四种虚词之一。前置词在句中一般不能单独使用,必须与名词(或起名词作用的其他词类)连用。与前置词连用的名词须依据前置词的要求变格。前置词多数只要求一个格,少数要求两个格或三个格。

一、常用前置词

序号	前置词	接格	含义
(1)	без	2	缺,无,没有
(2)	для	2	为了,对于
(3)	до	2	到……地方,在……之前,达到……程度,大约,将近
(4)	из	2	来自,由……出身,从(内部),由,用,因为,基于
(5)	от	2	自,离,距,从(时间)起,由……而来,属于……的,因为
(6)	у	2	谁(有),从……那里,在……近旁,靠近,从……处,向……
(7)	к	3	朝,向,往,到,快到……时,对于,对待,对
(8)	через	4	通过(物体),经过(若干时候),跨过,越过,横过,穿过,过……以后(若干时间)
(9)	над	5	在……上空,在……上方,在……上面,在……之上,对(某种脑力活动的对象),表示行为与其对象的关系
(10)	перед	5	在(某时、某物)前,(相)对于,当着,面对着
(11)	при	6	在(某时、某情况)下,附属于,尽管
(12)	в	4	向(内),在(某时),玩(球等)
		6	在(里),在(某时),在(某方面),在(某种程度、情况),穿,带着

(13)	на	4	向(上,表面),朝(某方向),在(时候),去(作、参加某项活动),计(大小、多少等差额)
		6	向(上,表面),在(时候),在(作、参加某项活动),乘(交通工具),演奏
(14)	за	4	向(外),在(与до连用,表示时间),在(期限内),因为,由于,为(之努力、奋斗等),抓,握,为……而付,按……出售,代替,嫁,做媒
		5	在(外),在(旁,后),去(取,请),跟随,嫁给
(15)	под	4	往……下面,快到……时候,前夕,在……伴奏下
		5	在……附近,在……下方,在……情况下,具有……标志,特征
(16)	о	4	碰着,靠着,触着,撞着
		6	关于
(17)	по	3	顺、沿,每逢到(某程度、日期),使用,经由,(表示活动范围)关于,在……方面,在……范围,由于,因为,就……说,按……说
		4	到,至,达
		6	在……以后
(18)	с	2	从(上面),从……(时)起
		4	约,大约;和……差不多;像……似的
		5	和、同,以……方式
(19)	вдоль	2	沿(着),纵着
(20)	вне	2	在外,在外面,没有
(21)	вмéсто	2	代替
(22)	вокрýг	2	在……周围,围绕
(23)	крóме	2	除……外
(24)	мúмо	2	从……旁边,歪,偏
(25)	óколо	2	在……附近,约

(26)	после	2	在……之后
(27)	против	2	反对,逆着
(28)	среди	2	在……之中
(29)	ради	2	为了,为的是,因为,由于
(30)	во время	2	在……时
(31)	в течение	2	在……期间
(32)	с помощью	2	借助于
(33)	путём	2	通过……途径,方法
(34)	независимо от	2	不管,不论
(35)	согласно	3	依据
(36)	несмотря на	4	尽管,虽然
(37)	спустя	4	经过,在……之后
(38)	сквозь	4	通过,穿过,透过
(39)	между	5	在……之间,在……之中,间,之间

二、常用前置词的用法

依据上表所列序号,前置词使用例句如下:

(1) Без вас я не знаю, что делать. 没有您我不知道该怎么办。
Квартира без балкона. 没有阳台的套间。
Писать без ошибок. 书写无错误。
Говорить без смущения. 从容地说。
Разговор происходил без свидетелей. 谈话是在没有证人的场合下进行的。
Это было без вас. 这件事发生于您不在场的时候。
На часах было без пяти шесть. 表上是差五分六点。
Сейчас без четверти три. 现在是差一刻三点。

Без всякого сомнения, наша команда выиграет. 毫无疑问,我们的球队一定会赢。

(2) Для продления времени мы поговорили о погоде. 为延长时间我们谈了谈天气情况。

Полка для книг. 书架

Ящик для писем и газет. 信报箱

Всё для победы. 一切为了胜利。

Я это сделаю для вас. 我将为你做这个。

Курить вредно для здоровья. 吸烟对健康有害。

Прогулки полезны для детей. 散步对儿童有益。

(3) Только ночью лодка доплыла до берега. 直到深夜小船才到了岸边。

От Москвы до Ленинграда. 从莫斯科到列宁格勒。

С утра до вечера. 从早到晚。

До отхода поезда осталось 5 минут. 离开车还有五分钟。

Дети до шестнадцати лет. 十六岁以下的儿童。

В зале помещается до тысячи человек. 大厅里能容纳近一千人。

Мороз доходил до сорока градусов. 冷到零下40度。

До завтра! 明天见! До свидания! 再见!

Он до того устал, что сразу заснул. 他累得一下子就睡着了。

(4) Кто из вас понимает по-русски? 你们中间有谁懂俄语?

Она приехала из Москвы. 她来自莫斯科。

Вынуть платок из кармана. 从口袋里掏出手帕。

Статья из журнала. 杂志上的文章。

Он из рабочей семьи. 他是工人家庭出身。

Один из многих. 许多人中的一个。

Некоторые из товарищей. 某些同志。

Из пяти книг осталось только две. 五本书中仅剩下两本。

Крыша из железа. 铁皮屋顶。

Варить из вишни варенье. 用樱桃熬果酱。

Делать что-нибудь из дружбы. 出于友情而做点什么事情。

Из зависти. 出于嫉妒。

Из благодарности. 出于感激。

Из любопытства. 出于好奇。

(5) Универмаг открывается от 8 утра до 5 вечера. 百货商店早8点到晚5

点营业。

Удаля́ться от до́ма. 离开房屋。

Плыть от бе́рега. 游离河岸。

Уе́хать от това́рища ве́чером. 晚上从朋友家离开。

Сле́ва от окна́. 窗的左边。

Далеко́ от до́ма. 离家很远。

На большо́м расстоя́нии от це́нтра. 离中心很大一段距离。

Слепо́й от рожде́ния. 生来就失明。

Де́ти от пяти́ лет и ста́рше. 五岁和五岁以上的孩子。

Получи́ть кни́гу от отца́. 从父亲那里得到书。

Письмо́ от бра́та. 兄弟的来信。

Дохо́д от предприя́тия. 企业的收入。

Ключ от две́ри. 房门钥匙。

Кры́ша от ча́йника. 茶壶盖。

Петь от ра́дости. 因高兴而唱。

Пла́кать от го́ря. 悲伤得哭起来。

Бледне́ть от стра́ха. 吓得脸色发白。

Дрожа́ть от хо́лода. 冷的发抖。

Мо́крый от дождя́. 被雨淋湿的。

Спасти́сь от сме́рти. 从死神手里逃生。

Защи́та от врага́. 防御敌人。

Лека́рство от гри́ппа. 治流感的药。

(6) У нас в компа́нии 96 рабо́тников. 我公司有96名员工。

Стоя́ть у окна́. 站在窗旁。

Останови́ться у две́ри. 在门旁站住。

Жить у бе́рега мо́ря. 住在海岸边。

Рабо́тать у станка́. 在机床旁工作。

Отдыха́ть у друзе́й. 在朋友处休息。

Жить у роди́телей. 住在父母那儿。

Учи́ться у профе́ссора. 在教授那儿学习。

Взять кни́гу у това́рища. 向同志借书。

(7) Ле́том мы собира́емся пое́хать к мо́рю. 夏天我们准备去海边。

Дойти́ к окну́. 走到窗前。

Поста́вить стол к стене́. 把桌子放到墙边。

Плыть к бе́регу. 游向岸边。

Пое́хать к бра́ту. 上兄弟那里去。

Позва́ть... к телефо́ну. 叫……听电话。

Прийти́ к двена́дцати часа́м. 十二点之前来。

Пригото́вить отчёт к концу́ ме́сяца. 月底前准备好工作报告。

К ве́черу дождь прекрати́лся. 快到傍晚时雨停了。

Кни́ги вы должны́ верну́ть в библиоте́ку то́чно к ука́занному сро́ку. 您应该在规定期限之前准时把书归还图书馆。

Гото́виться к экза́менам. 准备应考。

Обрати́ться с вопро́сами к учи́телю. 向教师提问。

Письмо́ к дру́гу. 给朋友的信。

Любо́вь к Ро́дине. 对祖国的爱。

(8) Хорошо́ слы́шно кри́ки дете́й **че́рез** окно́. 透过窗户可以清楚地听到孩子们的喊声。

Мост **че́рез** ре́ку. 跨河的桥。

Перехо́д **че́рез** у́лицу. 人行横道。

Пры́гать **че́рез** забо́р. 从围墙上跳过去。

Милиционе́р под ру́ку ведёт старика́ **че́рез** у́лицу. 民警搀扶着一位老人穿过马路。

Смотре́ть **че́рез** стекло́. 透过玻璃看。

Идти́ **че́рез** лес. 穿过树林。

Че́рез неде́лю. 过一个星期。

Че́рез не́сколько мину́т. 几分钟之后。

Че́рез ка́ждые де́сять мину́т из воро́т заво́да выезжа́ет но́вая автомаши́на. 每十分钟就有一辆新汽车出厂。

(9) Ла́мпа виси́т **над** столо́м. 灯挂在桌子上空。

Над о́зером лета́ют пти́цы. 鸟群在湖面上空飞翔。

Рабо́тать **над** статьёй. 写(研究)文章。

Ду́мать **над** нау́чной пробле́мой. 思考学术问题。

Сиде́ть **над** кни́гой. 坐着读书。

Труди́ться **над** реше́нием зада́чи. 为解一道题左思右想。

Рабо́тать **над** собо́й. 提高自己，下功夫锻炼自己。

Мы до́лго лома́ли го́лову **над** э́той пробле́мой. 为解决这个问题，我们绞尽了脑汁。

Она трудится над переводом этой книги. 她正在翻译这本书。

(10) Перед сном она привыкает почитать книгу. 她习惯睡前看一会儿书。

Сад перед домом. 屋前的花园。

Стоять перед дверью. 站在门前。

Открываться перед глазами. 展现在眼前。

Оказаться перед лицом больших трудностей. 面临巨大的困难。

Гулять перед ужином. 晚饭前散步。

Приехать перед праздником. 节前来到。

Я виноват перед вами. 我对不起您。

(11) Всё сохраняется так, как было при жизни писателя. 一切都保留着作家生前的样子。

Сад при доме. 房子所附带的花园。

Столовая при заводе. 厂办食堂。

При школе имеется мастерская. 学校设有车间。

Иметь при себе оружие. 随身带有武器。

Мальчик всегда держит при себе ключ от комнаты. 男孩总是随身带着房门钥匙。

При желании это можно сделать. 这件事有愿望就能做成。

Читать при свете лампы. 在灯光下读书。

Целоваться при встрече. 见面时接吻。

Разговор при свидетелях. 证人在场时的谈话。

Он признался в своей ошибке при всех товарищах. 他在全体同志面前承认了自己的错误。

(12) Идёмте в зал переговоров. 我们去洽谈室吧。

В три часа дня начинается передача "Текущие события". 下午3点开始"时事"广播节目。

Играть в футбол — моё увлечение. 踢足球是我的爱好。

В 2008 году в Пекине состоялась Олимпиада. 2008年北京举办了奥运会。

Он ходил в синем костюме. 他穿过一套蓝色西装。

Положить рубашку в чемодан. 把衬衫放进箱子。

Смотреть в бинокль. 用望远镜看。

Превратить пустыню в сад. 把沙漠变成花园。

Он весь в отца. 他完全像父亲。

Выполнить эту работу в одну неделю. 在一周内完成这项工作。

В три ра́за бо́льше. 大两倍，多两倍。

В два ра́за ме́ньше. 小一半。

Длино́й **в** два ме́тра. 长度为两米。

Сказа́ть **в** шу́тку. 当笑话说。

Бума́га **в** кле́тку. 方格纸。

Заверну́ть кни́гу **в** бума́гу. 用纸包书。

Я живу́ **в** Пеки́не. 我住在北京。

В году́ 365 дней. 一年有365天。

В кни́ге нет ничего́ но́вого. 书中没有什么新东西。

Челове́к **в** очка́х. 戴眼镜的人。

Быть **в** хоро́шем настрое́нии. 心情很好。

Широ́кий **в** плеча́х. 肩膀宽的。

В киломе́тре от шко́лы. 离学校一公里。

(13) Макси́м пошёл **на** по́чту посла́ть письмо́. 马克西姆去邮局寄信去了。

В про́шлом году́ я поступи́л **на** рабо́ту. 去年我参加了工作。

Дире́ктор уе́хал в командиро́вку **на** ме́сяц. 经理出差了，去一个月。

На столе́ лежа́т журна́лы и газе́ты. 桌子上放着些杂志和报纸。

На э́той неде́ле бу́дет бесе́да. 本周将有一个座谈会。

Все прису́тствуют **на** собра́нии. 全体出席会议。

Вы е́дете **на** по́езде и́ли лети́те **на** самолёте? 您是坐火车还是坐飞机？

Положи́ть кни́гу **на** стол. 把书放在桌子上。

Лечь **на** дива́н. 躺到沙发上。

План **на** год. 年度计划。

Он ма́стер **на** все ру́ки. 他是一位多面手。

Де́ньги **на** ме́лкие расхо́ды. 零用钱。

Ве́тер ду́ет с се́вера, не ме́ньше как **на** семь ба́ллов. 风从北边吹来，不小于七级。

Он пришёл ра́ньше меня́ **на** 20 мину́т. 他比我早来20分钟。

Я ста́рше тебя́ **на** 3 го́да. 我比你大3岁。

Лежа́ть **на** крова́ти. 躺在床上。

Отдыха́ть **на** Кавка́зе. 在高加索休养。

Он рабо́тает **на** фа́брике. 他在工厂工作。

На бу́дущей неде́ле. 在下一周。

На рассве́те. 在黎明时。

Жа́рить на ма́сле. 油炸。

Вари́ть на пару́. 清蒸。

(14) Перево́дчик уе́хал за грани́цу. 翻译出国了。

Он пришёл за пять мину́т до нача́ла встре́чи. 他在见面会开始前五分钟时来到的。

Он взял меня́ за́ руку. 他抓住我的手。

Серёжа, иди́ за овоща́ми. 谢廖沙，去买些菜。

Ребя́та, чита́йте за мной. 同学们，跟我读。

Вы́йти за дверь. 走出门外。

Сесть за стол. 坐到桌旁。

Сесть за рабо́ту. 坐下来工作。

Моро́з за 20 гра́дусов. 零下二十多度。

Ему́ за со́рок лет. 他过四十岁了。

За два киломе́тра от шко́лы. 离学校两公里远。

За день до моего́ отъе́зда. 在我动身的前一天。

За три го́да мы проде́лали большу́ю рабо́ту. 三年来我们做了大量的工作。

Воева́ть за Ро́дину. 为祖国而战。

Боро́ться за мир. 争取和平。

Похвали́ть её за хра́брость. 表扬她的勇敢精神。

Благодарю́ вас за по́мощь. 谢谢您的帮助。

Уплати́ть за рабо́ту. 付工资。

Рабо́тать за това́рища. 代替同志工作。

Вы́йти за́муж за бо́сса. 嫁给老板。

Сиде́ть за кни́гой. 坐着看书。

Иди́те за мной! 跟我走！

За у́жином. 在吃晚饭的时候。

Уха́живать за детьми́. 照顾孩子们。

Пойти́ за водо́й. 去取水。

Посла́ть за до́ктором. 派人找大夫来。

(15) Под му́зыку го́сти пою́т и танцу́ют. 客人们在音乐伴奏下载歌载舞。

Поста́вить стул под стол. 把椅子放到桌子下面。

Класть фотока́рточку под стекло́. 把照片放到玻璃板下。

Смотре́ть под но́ги. 瞧着脚下。

В ночь под Но́вый год. 元旦前夕。

§2 俄语词汇体系

Под вéчер пошёл дóждь. 傍晚时下起雨来。

Под конéц собрáния снóва попроси́л слóва Сергéев. 会议快结束时，谢尔盖耶夫再一次要求发言。

Петь под роя́ль. 在钢琴伴奏下演唱。

Танцевáть под звýки оркéстра. 在乐队伴奏下起舞。

Под Москвóй стрóится четырёхзвёздная гости́ница. 莫斯科郊外正在建四星级宾馆。

Твой словáрь нахóдится под столóм. 你的字典在桌子下面。

Он рабóтает под землёй. 他在地下（矿井）工作。

Находи́ться под влия́нием отцá. 在父亲的影响下。

Парохóд под флáгом КНР. 挂有中华人民共和国国旗的轮船。

(16) Какóе впечатлéние о путешéствии? 旅行有什么感想？

Обо мне не забóтитесь. 我的事您别操心。

Расскáз о герóях войны́. 关于战斗英雄的故事。

Лéкция об успéхах в социалисти́ческой модернизáции. 关于社会主义现代化成就的演讲。

Заявлéние о приёме в комсомóл. 入团申请书。

Говори́ть о прóшлом. 谈往事。

Сообщáть о прибы́тии делегáции. 告知代表团抵达的消息。

Удáрить ногóй о нóжку столá. 一脚踢在桌腿上。

Опере́ться о спи́нку дивáна. 靠在沙发靠背上。

Я случáйно разорвáл костю́м о гвоздь. 我不小心碰着钉子把衣服挂破了。

(17) Вы специали́ст по сбы́ту. 您是销售（方面的）专家。

Они́ шли по центрáльной ýлице. 他们沿着中央大街走着。

Блю́до мне не по вкýсу. 菜不合我的口味。

Ходи́ть по кóмнате. 在房间里走来走去。

Плыть по рекé. 游泳顺河而下。

Он гуля́ет по лéсу. 他在森林里散步。

Ходи́ть по магази́нам. 逛商店。

Разойти́сь по домáм. 各自回家。

Заня́тия по фи́зике. 物理作业。

Специали́ст по математи́ке. 数学专家。

Учéбник по рýсскому языкý. 俄语教科书。

Рабóтать по плáну. 按计划工作。

Поступа́ть по зако́ну. 按法律行事。

Одева́ться по мо́де. 穿着时髦。

Прие́хать по приглаше́нию. 应邀而来。

Отсу́тствовать по боле́зни. 因病缺席。

Пока́зывать по телеви́дению. 电视播映。

Говори́ть по телефо́ну. 打电话说。

Посла́ть де́ньги по по́чте. 通过邮局汇钱。

Това́рищ по шко́ле. 中学同学。

Хоро́ший по ка́честву. 质量好的。

Отдыха́ть по воскресе́ньям. 每逢星期天休息。

Дать де́тям по я́блоку. 给孩子们每人一个苹果。

Ка́ждый учени́к получи́л по кни́ге. 每个学生领到一本书。

Скуча́ть по де́тям. 想念孩子们。

Стоя́ть по коле́но в воде́. 站在齐膝深的水中。

Прочита́ть кни́гу с пе́рвой по пя́тую главу́. 读完第一至第五章。

С 1 ию́ля по 31 декабря́. 从7月1日起到12月31日止（包括31日）。

Уе́хать из го́рода по оконча́нии университе́та. 大学毕业后离开城市。

(18) С за́втрашнего дня я уделя́ю полчаса́ спо́рту. 从明天开始，每天我锻炼半小时。

Взять кни́гу с по́лки. 从架子上拿书。

Встать со сту́ла. 从椅子上站起来。

Упа́сть с кры́ши. 从房顶上落下来。

Снять ша́пку с головы́. 从头上取下帽子。

Ве́тер с се́вера. 北风（从北面吹来的风）。

Прийти́ с рабо́ты. 下班回来。

Е́хать с вокза́ла. 从火车站回来。

Уйти́ с конце́рта. 从音乐会上离去。

С ног до головы́. 从头到脚。

Магази́н рабо́тает с восьми́ часо́в. 商店从八时起营业。

Получи́ть де́ньги с покупа́теля. 收顾客的钱。

Взять обеща́ние с това́рища. 得到同志的许诺。

Ко́пия с изве́стной карти́ны. 名画的摹本。

Я беру́ приме́р с папы. 我以爸爸为榜样。

Перевести́ рома́н с иностра́нного языка́ на ру́сский. 把小说从外文译成俄

文。

Уйти́ домо́й с разреше́ния учи́теля. 得到老师的许可回家。

Он у́мер с го́лода. 他饿死了。

Рабо́тать с год. 工作大约一年。

Прое́хать с киломе́тр. 驶过约一公里。

Величино́й с дом. 大小和房子差不多。

Ро́стом с отца́. 身材和父亲差不多。

Он лю́бит обща́ться с друзья́ми. 他喜欢和朋友交往。

Он гуля́ет с ребёнком. 他和孩子一起散步。

Взять с собо́й портфе́ль. 随身带包。

Идёт дождь со сне́гом. 下雨夹雪。

Пиро́г с капу́стой. 白菜馅饼。

Идти́ с пе́снями. 唱着歌走。

Слу́шать с улы́бкой. 微笑着听。

Просну́ться с головно́й бо́лью. 醒来头痛。

Встре́титься с ученика́ми. 遇见学生。

С ним случи́лась беда́. 他发生了不幸的事。

С прие́здом отца́ жизнь измени́лась. 随着父亲的到来生活起了变化。

С года́ми он стал умне́е. 随着年龄的增长，他变得更聪明了。

(19) Идти́ **вдоль** бе́рега. 沿着街走。

Посади́ть дере́вья **вдоль** забо́ра. 顺着栅栏种树。

Вдоль стены́ стоя́т сту́лья. 沿墙放着椅子。

(20) **Вне** до́ма 屋外

Вне го́рода 城外

Больно́й уже́ **вне** опа́сности. 病人已经没有危险。

◇**Вне себя́** 忘乎所以；情不自禁

Он был **вне себя́** от ра́дости. 他高兴得情不自禁。

(21) Назна́чили Ивано́ва дире́ктором **вме́сто** Семёнова. 任命伊万诺夫为厂长，(由他)代替谢苗诺夫。

Взять чужу́ю кни́гу **вме́сто** свое́й. 没拿自己的书，而拿别人的书。

Сде́лай э́то **вме́сто** меня́. 你替我去做这件事。

(22) **Вокру́г** нас — зелёный мир. 我们周围是绿色的世界。

Путеше́ствие **вокру́г** све́та. 环球旅行。

(23) В ко́мнате, **кро́ме** стола́, ничего́ не́ было. 房间里除了一张桌子之外什

么也没有。

Кро́ме книг, в библиоте́ке мно́го журна́лов и газе́т. 在图书馆里除了书籍外，还有许多杂志和报纸。

Кро́ме тебя́, никто́ не смо́жет э́то найти́. 除了你，谁也找不到这个东西。

Он никуда́ не хо́дит, **кро́ме** как на слу́жбу. 除了上班以外，他哪里也不去。

Кро́ме как пойдёт дождь, мне ничто́ не помеша́ет пойти́. 除非下雨，什么都不能影响我去。

◇ **Кро́ме того́** — 除此之外

Кро́ме того́, мы ещё должны́ внима́тельно следи́ть за регули́рованием цен. 此外，我们还应密切关注价格调整情况。

(24) Они́ прошли́ **ми́мо** стадио́на. 他们从体育馆旁边走过。

По́езд прошёл **ми́мо** ста́нции. 火车通过了车站。

Стреля́ть **ми́мо** це́ли. 没有射中目标。

(25) **О́коло** магази́на нахо́дится апте́ка. 商店附近有药店。

Мы е́хали **о́коло** часа́. 我们走了大约一小时。

Стол стои́т **о́коло** окна́. 桌子放在窗旁。

Посади́ть цветы́ **о́коло** до́ма. 把花种在房子旁边。

Пройти́ **о́коло** десяти́ киломе́тров. 走了大约十公里。

Заплати́ть **о́коло** ста рубле́й. 付了大约一百卢布。

О́коло го́да я не получа́л пи́сем от бра́та. 我一年左右没有接到哥哥(弟弟)的信了。

Часо́в **о́коло** десяти́ мы подошли́ к ме́сту назначе́ния. 十点左右我们到了目的地。

(26) **По́сле** обе́да начнём на́ши перегово́ры. 午饭后我们开始谈判。

Че́рез 5 мину́т **по́сле** звонка́ он встал. 铃响5分钟以后他才站起来。

По́сле войны́ он роди́лся. 战后他出生了。

Встре́титься **по́сле** рабо́ты. 下班后见面。

Прийти́ **по́сле** всех. 在大家之后来到。

(27) **Про́тив** ва́шего предложе́ния я не возража́ю. 我不反对您的建议。

Сад **про́тив** до́ма. 房子对面的花园。

Стоя́ть **про́тив** окна́. 站在窗对面。

Плыть **про́тив** тече́ния. 逆水游。

Голосова́ть **про́тив** предложе́ния. 投票反对提案。

Поступа́ть **про́тив** со́вести. 违背良心做事。

Лека́рство **про́тив** гри́ппа. 治流行性感冒的药。

(28) Останови́ться **среди́** пло́щади. 停在广场的中心。

Просну́ться **среди́** но́чи. 在半夜里醒了。

Дом стои́т **среди́** со́сен. 房子在松树间。

Рабо́та **среди́** молодёжи. 青年中的工作。

Среди́ студе́нтов мно́го спортсме́нов. 大学生中有很多运动员。

(29) **Ра́ди** общей цели. 为了一个共同的目标。

Рабо́тать **ра́ди** о́бщего бла́га. 为了大家的福利而工作。

Я прие́хал **ра́ди** него́. 我是为他而来的。

Ра́ди знако́мства. 看熟人的面子。

Ра́ди вы́годы. 为了利益。

Ра́ди бо́га. 看在上帝的面上。

(30) **Во вре́мя** пребыва́ния у вас нам о́чень ве́село. 在贵处逗留期间我们非常愉快。

(31) **В тече́ние** после́дних трёх лет мы уско́рили шаг сотру́дничества. 最近三年我们加快了合作脚步。

(32) **С по́мощью** компью́тера лю́ди легко́ управля́ют маши́нами. 人们借助电脑可以轻松地操纵机器。

(33) Распространённые боле́зни леча́тся **путём** медици́нской по́мощи. 常见病通过医疗得以治愈。

(34) **Незави́симо от** во́ли челове́ка всё так бы́ло. 不管人的意愿如何一切就这样发生了。

(35) Торго́вля ведётся **согла́сно** зако́ну. 贸易依法而行。

Согла́сно общепри́нятым но́рмам в междунаро́дных отноше́ниях. 按照国际惯例。

Согла́сно вышеска́занному. 根据以上所说。

(36) **Несмотря́ на** дождь все с увлече́нием осма́тривали местные достопримеча́тель-ности. 虽然下雨,大家仍饶有兴致地参观了当地名胜。

(37) Прийти́ немно́го **спустя́**. 过一会来。

Спустя́ год. 过了一年。

Спустя́ два ме́сяца. 过了两个之后。

Де́сять лет **спустя́**. 十年过后。

Мы встре́тились с ним мно́го лет **спустя́**. 过了很多年我和他见面了。

(38) **Сквозь** ве́тви дере́вьев свети́ло со́лнце. 太阳透过树枝照进来。

Пу́ля прошла́ **сквозь** лёгкое. 子弹穿过肺部。

(39) **Ме́жду** столо́м и дива́ном. 在桌子和沙发之间。

Переры́в **ме́жду** ле́кциями. 课间休息。

Ме́жду дере́вьями стоя́ла скамья́. 在树木中间有条长凳。

Я верну́сь **ме́жду** деся́тым и пятна́дцатым ма́я. 我将于五月十日到十五日之间回来。

Дру́жба **ме́жду** наро́дами. 各族人民之间的友谊。

Отноше́ния **ме́жду** отцо́м и сы́ном. 父子间的关系。

Договори́ться **ме́жду** собо́й. 彼此说妥。

Пусть всё, что бы́ло ска́зано, оста́нется **ме́жду** на́ми. 咱们谈的这些不要外传。

◇ **Ме́жду тем** 同时，当时
◇ **Ме́жду про́чим** 顺便，顺便说说

Ⅷ 连接词、语气词、感叹词

一、连接词

连接词用来连接同一个句子中的几个同等成分或复合句的几个分句，表示某种句法关系。有关连接词的内容具体参见本书"第四章 俄语句子的构成"。

二、语气词

语气词用来给句子中某个词或整个句子增添某种语义色彩。语气词的具体含义一般在句子中通过上下文来确定。语气词可以带有下列语义色彩：

表示问候、再见、感谢等意义，如：здра́вствуй 你好，здра́вствуйте 您好，пожа́луйста 请，不客气，没关系，пока́ 一会儿见（再见），приве́т 你好（亲近朋友之间使用），спаси́бо 谢谢。

① **Здра́вствуйте**, давно́ с ва́ми не ви́делись. 您好,（跟您）好久不（没）见（了）。

② **Приве́т**, Ка́тя. 你好，卡佳。

③ Пора́ уйти́. Ну, **пока́**. 该走了，一会儿见（再见）。

④ — **Спаси́бо** за ва́шу по́мощь. — **Пожа́луйста**. — 谢谢您的帮忙。— 不客气。

⑤ Закро́йте, **пожа́луйста**, дверь. 请把门关上。

⑥ "**Здра́вствуйте**, де́ти," — сказа́ла учи́тельница. 教师说："孩子们，你们好"。

表示疑问，如：ли 吗，неуже́ли 难道，ра́зве 难道，что ли 怎么；表示肯定，如：да 是的，ещё бы 那还用说，так 是这样，то́чно 是的；表示否定，如：не 不，нет 不是。

① Ско́ро **ли** мы пое́дем? 我们很快就去吗？

② **Ра́зве** вы не бы́ли на экску́рсии? 难道您没有去游览吗？

③ Тебе́ не здоро́вится, **что ли**? 你不舒服吗？

④ — Ты чита́л э́ту кни́гу? — **Да**, чита́л. 你读过这本书吗？— 是，读过。

⑤ **То́чно**, вы угада́ли. 对，您猜着了。

⑥ Ты мо́жешь идти́ ко мне по́сле 6(шести́) часо́в? — **Ещё бы**！(Коне́чно!) 6点后你能到我这来吗？— 当然(能)！

⑦ **Неуже́ли** вы не чита́ли э́того рома́на? 难道您没有看过这本长篇小说吗？

⑧ **Неуже́ли** он согласи́лся? 他真的同意了？

⑨ Часы́ иду́т **то́чно**. 表走得准确。

⑩ **Так** бы́ло напи́сано в письме́. 在信里就这样写着。表示指示作用，如：вот 这是，э́то 这是；表示加强意义，如：ведь 要知道，да́же 甚至；表示确切意义，про́сто 简直是，如：и́менно 正是，почти́ 差不多，ро́вно 正好，то́чно 确实是，чуть не 差点没。

① **Вот** тут я живу́. 我就住在这儿。

② Кто **э́то** сиди́т? 这是谁坐着呢？

③ Здесь **про́сто** невозмо́жно отдыха́ть. 这儿简直无法休息。

④ Не беспоко́йтесь, **ведь** я всё хорошо́ зна́ю. 别担心，(要知道)一切我非常清楚。

⑤ Мы **да́же** не заме́тили, как прошло́ вре́мя. 我们甚至都没发现时间是怎么过去的。

⑥ Он **чуть** не упа́л. 他差点摔倒了。

⑦ Он **да́же** не смо́трит на меня́. 他甚至连瞧也不瞧我。

⑧ **Да́же** тепе́рь я не могу́ э́того забы́ть. 我甚至到现在还不能忘记这件事。

⑨ Мне нужна́ **и́менно** э́та кни́га. 我所需要的正是这本书。

⑩ Я обраща́юсь **и́менно** к вам. 我正是找您。表示限制意义，如：лишь 只是，то́лько 只是；表示比较意义，如：(как) бу́дто 好像，ро́вно 正好，сло́вно 好像；表示褒贬意义，如：вот так 就是这样，что за 是什么(人或物)；

表示祈使意义,如:дай(давáй)让我们做,如:

① Отсýтствует **лишь** одúн человéк. 只有一个人缺席。
② Говорúть **тóлько** прáвду. 只讲真话。
③ Прошёл **тóлько** мéсяц. 只过了一个月。
④ Слы́шу э́то **слóвно** впервы́е. 这事儿我好像第一次听说。
⑤ **Чтó за** человéк! 这是个什么人呀!(多表达不满、贬斥意义)
⑥ **Дай** я вам помогý! 让我来帮您忙吧!
⑦ **Давáй** поговорúм! 咱们谈谈吧!

三、感叹词

感叹词是表示人的情感和意志的一种特殊词类,它不属于实词或虚词,也不发生变化。感叹词按意义可划分为以下两大类:

情感感叹词,表示说话人所经受的喜、怒、哀、乐等各种情感及对周围环境和别人言行的情感评价,如惊奇、赞许、欢呼、高兴、惋惜等。常见的有:A!(啊!), Ай!(唉!), Ай-ай-ай!(哎呀呀), Агá!(啊哈), Ах!(哎呀!), Ба!(哈!) Брáво!(太好了), Бóже мой!(我的上帝啊!), Гóсподи!(我的天哪!), О!(啊!), Огó!(哎呀!), Ой!(哎呦!), Ой-ой-óй!(哎呀-哎呀!), Ох!(哎呀!), Слáва бóгу!(上帝保佑! 谢天谢地!)Тьфу!(呸!), У!(哦! 嗨!), Увы́!(唉!), Урá!(乌拉!), Ух!(嘿!), Фи!(哼!), Фу!(呸!), Эх!(哎呀!), К чёрту!(见鬼去吧!)等。

① **Ай** да молодéц! 真不错!(表示称赞)
② **Агá**, попáлся! 啊哈,可抓住你啦!(表示洋洋自得)
③ **Ах**, как красúво! 啊,多好看呀!(表示赞美)
④ **О**, как я счáстлив! 啊,我多么幸福啊!(表示欣喜)
⑤ **Огó**, как ты вы́рос! 哎呀,看你长得多高啦!(表示惊讶)
⑥ **Урá**! Задáча вы́полнена! 乌拉! 任务完成了!(表示欢呼)
⑦ **Эх**, сúлы нет! 哎,没有力气了!(表示可惜)

意愿感叹词,表达说话人对某种行为的意愿,如呼唤、请求、命令、问候、告别、感谢等。常用的有:Ау!(喂!), Аллó!(喂! 哈罗!), Вон!(滚!), Прочь!(滚开!), Стоп!(停!), Тсс!(嘘!), Эй!(喂!), Здрáвствуйте!(您好! 你们好!), Привéт!(你好!), Здорóво!(你们好!), Покá!(再见!), Прощáйте!(别了!), Спасúбо!(谢谢!), Дóброе ýтро!(早上好!), Дóбрый день!(日安!), Дóбрый вéчер!(晚上好!), Спокóйной нóчи!(晚安!)等。

① **Аллó**! Кто у телефóна? 喂,你是谁呀?(打电话用语)

② **Привéт**, Натáша! 你好,娜塔莎!
③ **Тсс**! Не стучи́, Пéтя ещё спит! 嘘! 别敲,别佳还在睡觉呢!
④ **Прощáй**! Люби́мая мáма! 再见吧! 亲爱的妈妈!
⑤ **Прочь** с мои́х глаз! 从我眼前滚开!

§3 俄语词的组合方式

俄语中词与词组合构成词组。较常见的有以下几种类型：

一、名词+名词

名词与名词组成词组，有带前置词和不带前置词两种情况。

1. 不带前置词

名词与名词组合不带前置词时主要靠后面的词用第二格来构成词组，表示事物之间的领属关系或特征，如：день о́тдыха 休息日，ко́мната ста́ршего бра́та 哥哥的房间，ма́льчик семи́ лет 七岁的男孩，ру́чка две́ри 门把手。

动名词与普通名词搭配，大多要求普通名词变二格形式，如：изуче́ние ру́сского языка́ 学习俄语，повыше́ние зарпла́ты 提高工资，созда́ние компа́нии 创办公司，спасе́ние жи́зни 挽救生命，улучше́ние усло́вий 改善条件。

少数名词可接第三格来构成词组，表示"为……而（做）"，如：па́мятник наро́дным геро́ям 人民英雄纪念碑，письмо́ учи́телю от ученика́ 学生寄给老师的信。

要求第五格的动词派生的动名词与其他名词连用，其后的名词应变第五格形式，如：овладе́ние нау́кой и те́хникой 掌握科学和技术，увлече́ние игро́й в ша́хматы 热衷于下象棋，управле́ние заво́дом 管理工厂。

2. 带前置词

有些名词与名词组合须带前置词，这时须依据意义要求来决定接什么前置词。

要求接第二格前置词的，如：мусс для воло́с 护发摩丝，слова́ из пе́сни 歌词，челове́к без очко́в 没戴眼镜的人。

要求接第三格前置词的，如：руково́дство к де́йствию 行动指南，специали́ст по фи́зике 物理学专家，уваже́ние к старика́м 对老人尊重。

要求接第四格前置词的，如：биле́т в кино́（биле́т на фильм）电影票，биле́т в оди́н коне́ц（в два конца́）单程票（往返票），биле́т на по́езд（самолёт, авто́бус）火车票（飞机票，汽车票），вход в метро́ 地铁入口，вы́езд за грани́цу 出国，зада́ние на́ дом 家庭作业，пла́та за кварти́ру, во́ду и электри́чество 房租和水电费，ту́мба под телеви́зор 电视机柜。

要求接第五格前置词的，如：ко́мната с больши́м окно́м 有个大窗户的房间, компа́ния с ограни́ченной отве́тственностью 有限（责任）公司, побе́да нау́ки над приро́дой 科学对自然界的胜利, таз под крова́тью 床下面的脸盆。

要求接第六格前置词的，如：бесе́да о сотру́дничестве 有关合作的洽谈, боти́нки на высо́ких каблука́х 高跟鞋, зако́н о предприя́тии 企业法, превосхо́дство в те́хнике 在技术方面的优势, рекла́ма на тра́нспорте 车身广告, сапоги́ на мо́лнии 带拉锁的靴子, спра́вка о фина́нсовом положе́нии 资信证明, ту́фли на шну́рках 系带鞋。

二、形容词 + 名词

形容词与名词组成词组，分以名词为中心词和以形容词为中心词两种情况。

1. 名词为中心词

名词为中心词与形容词组成词组时，形容词（形动词）修饰名词，形容词在前名词在后，形容词应与名词在性、数、格上保持一致，如：ба́ночное пи́во（易拉）罐装啤酒, до́брое у́тро 早晨好, до́брый ве́чер 晚上好, до́брый день 日安, зелёный чай 绿茶, минера́льная вода́ 矿泉水, све́жее пи́во 扎啤（鲜啤酒）, свобо́дное вре́мя 空闲时间, сухо́е молоко́ 奶粉, туристи́ческий бум 旅游热, чёрный чай 红茶。

当形容词变为单一式比较级形式时，名词在前形容词在后，如：боти́нки полу́чше 好一点的皮鞋, оте́ль побли́же к це́нтру го́рода 离市中心近一点的旅馆, расска́з поинтере́снее 有趣一点的故事。

2. 形容词为中心词

形容词为中心词与名词组成词组时，形容词的内容由名词进一步说明，形容词在前名词在后，名词用格受形容词支配。

要求名词用第二格的，如：досто́йный внима́ния 值得关注的 по́лный любви́ 充满爱的；要求名词用第三格的，如：изве́стный всему́ ми́ру 世界闻名的；

要求名词用第五格的，如：бога́тый не́фтью 富含石油的, дово́льный результа́том 对结果满意的, за́нятый рабо́той 忙于工作的, 有些形容词需带前置词, 名词用格受前置词要求：

要求名词用第二格的，如：необходи́мый для рабо́ты 工作所必需的, поле́зный для здоро́вья 对健康有益的；

要求名词用第三格的，如：спосо́бный к му́зыке 对音乐有天赋的；

要求名词用第四格的，如：похо́жий на ма́му 长得像妈妈的, прия́тный на вкус 味美的；

要求名词用第五格的,如:знакóмый со всéми подрóбностями 了解全部细节的;

要求名词用第六格的,如:извéстный во всём мúре 世界闻名的,сúльный в дéле 在业务方面很强的,увéренный в побéде 相信胜利的。

三、代词+名词

代词限定名词,与名词构成词组时,代词在前名词在后,代词应与名词在性、数、格上保持一致,如:всякие люди 各种各样的人,егó копировáльная тéхника 他的复印设备,кáждый рабóтник 每个工作人员,какáя-нибудь мáрка 任意一个牌子(产品),какóй-то знакóмый 某个熟人,кое-какúе услóвия 某些条件,любáя газéта 任意一份报纸,наш дирéктор 我们的经理,нáша эра 本世纪,те прирабóтки 那些额外收入(业余收入),эти клубнúки 这些草莓,во всех областях 在各个方面,во всяком случае 无论如何,на всякий случай 以防万一。

四、数词+名词

1. 顺序数词+名词

顺序数词与名词构成词组时,顺序数词在前名词在后,顺序数词应与名词在性、数、格上保持一致,如:восьмидесятые гóды 八十年代,вторóе здáние 第二栋楼,девятая

спрáва кóмната 自右数第九个房间,пятый в спúске человéк 名单中的第五个人,трéтья платфóрма 第三站台,четвёртый путь 第四道。

2. 数量数词+名词

数量数词与名词构成词组时,"一"与名词在性、数、格上保持一致,"二、三、四"及个位数为"二、三、四"的数词与名词连用时,名词变单数第二格,"五"及"五"以上的数词与名词构成词组时,名词变复数第二格。当数词变格("一"除外)时,名词变为相应的复数格形式,如:одúн контрáкт 一份合同,две чáшки чáя 两碗茶,три письмá 三封信,шесть мест багажá 六件行李,в двух километрах 在两公里处。具体见"Ⅴ数词"一节。

五、动词+名词

动词与名词构成词组,分以动词为中心词和以名词为中心词两种情况。

1. 动词为中心词

动词为中心词与名词组成词组时,一般动词在前,名词在后,名词受动词的接格关系支配。具体可按搭配关系将动词分为:1) 要求名词不带前置词的;2) 要求名词带前置词的。

1) 要求名词不带前置词的：

要求名词用第二格的，如：бояться темноты 害怕黑夜, избежать неприятностей 避免不愉快的事；

要求名词用第三格的，如：верить фактам 相信事实, завидовать чужим успехам 羡慕（嫉妒）别人的成绩, соответствовать требованиям 符合要求；

要求名词用第四格的，如：заказать **билет** на самолёт 预订机票, заключить контракт 签订合同, закрыть за собой **дверь** 随手关门, мыть руки 洗手, предложить **вариант** платежа 提出付款方案, предъявить документ 出示证件；要求名词用第五格的，如：гордиться своей фирмой 以自己的公司而自豪, интересоваться деталями 对配件感兴趣, любоваться пейзажем 欣赏美景, ошибиться номером 拨错号码, увлекаться компьютером 对电脑入迷, управлять машинами 操纵机器。

2) 要求名词带前置词的：

要求第二格名词带前置词的，如：выписаться из больницы（康复）出院, выйти из моды 不时兴。

要求第三格名词带前置词的，如：готовиться к переговорам 准备谈判, прийти к выводу 得出结论, стремиться к выгодам 追求物质利益。

要求第四格名词带前置词的，如：беспокоиться за сына 担心儿子, вникать во все тонкости 深入考虑全部细节, играть в кегли（теннис, бадминтон, карты) 玩保龄球（网球、羽毛球、扑克）, играть за нашу команду 为我队参加比赛, отвечать на вопрос 回答问题。

要求第五格名词带前置词的，如：Как справиться с бессонницей? 怎么应对失眠? Мы будем учиться общаться с девушками. 我们要学习如何跟姑娘们交往。

要求第六格名词带前置词的，如：думать о вопросе 考虑问题, заботиться о сотруднике 关心同事, нуждаться в рабочем силе 需要劳动力, рассказывать об этом случае 讲述这个情况, участвовать в деятельности 参加活动。

当名词变格形式或名词与前置词连用，表示动词的行为动作的原因、时间、条件、方式方法等意义时，名词可置于动词之前或之后，如：в таком случае не возражать 这种情况下不反对, в терпении ждать 耐心地等待, по болезни не прийти 因病没来, с детства привыкнуть 从小就习惯, говорить в шутку 说着玩, ехать на красный свет 闯红灯, идти за покупками 买东西, отойти от станции 驶离车站, перейти через улицу 过马路, приехать поездом 坐火车来, устать с дороги 旅途劳累。

2. 名词为中心词

名词为中心词与动词构成词组，名词多为抽象名词，此时，名词在前动词在后，动词为不定式形式，如：возмо́жность доби́ться своего́ 达到自己目的的可能性，жела́ние чита́ть кни́ги 读书的愿望，мечта́ быть перево́дчиком 成为翻译的愿望，слу́чай пое́хать в о́тпуск 度假的机会。

六、副词 + 动词

副词与动词构成词组，一般情况下副词在前动词在后，当副词意义是对动词意义的补足时，则动词在前副词在后，如：верну́ться домо́й 回家，во́время получи́ть това́ры 按时收到货物，идти́ напрями́к 一直走，тепло́ обраща́ться с гостя́ми 热情待客，ти́хо говори́ть 低声说，хорошо́ учи́ться 好好学习。

七、副词 + 形容词

副词与形容词构成词组，副词一般在形容词前面，如：всегда́ весёлый 总是快乐的，дово́льно прия́тный 相当愉快的，доста́точно я́сный 相当清晰的，едва́ слы́шный 勉强听得见的，о́чень ра́достный 非常高兴的，сли́шком ме́дленный 太慢的。

八、形容词 + 动词

形容词与动词构成词组，形容词在前动词在后，动词为不定式形式，进一步说明形容词的意义，如：гото́вый отпра́виться в путь 准备启程的，спосо́бный организова́ть 善于组织的。

§4 俄语句子的构成

俄语句子按说话目的可分为陈述句(陈述事实)、疑问句(提出问题)、祈使句(表示意愿)。句子的成分有主要成分(主语、谓语)和次要成分(补语、定语、状语、同位语)之分。句子中还可能出现一种非句子成分即插入语。句子按结构可划分有简单句和复合句。简单句是只含有词之间句法联系的句子。复合句是由简单句(借助于连接词或无连接词)组合而成。

一、俄语句子按说话目的分类

1. 陈述句,如:

① Это сейча́с по́льзуется больши́м спро́сом. 这(商品)目前很畅销。

② В на́шем универма́ге всегда́ большо́й вы́бор това́ра. 我们百货商场总是百货俱全(商品总有很大的选择余地)。

③ На́ша ко́мната шеста́я. 我们的房间是第六间。

④ Моро́з — под со́рок. 严寒达 40 度。

⑤ По вечера́м на у́лице не быва́ет ни души́. 每晚街上都一个人也没有。

⑥ Со́лнце явля́ется исто́чником жи́зни на Земле́. 太阳是地球上生命的源泉。

⑦ Мы лю́бим мир, но не бои́мся войны́. 我们热爱和平,但并不害怕战争。

⑧ Механи́ческая эне́ргия превраща́ется в теплоту́. 机械能能够变成热能。

⑨ Мы замени́ли пе́чки га́зовыми плита́ми. 我们用煤气灶代替炉子。

⑩ Язы́к есть важне́йшее сре́дство челове́ческого обще́ния. 语言是人类最重要的交际工具。

2. 疑问句

疑问句可分为带疑问词的和不带疑问词的两种。带疑问词的,如:

① Кто э́то? Что э́то? 这是谁? 这是什么?

② Кто у телефо́на? 你是谁?(打电话时使用)

③ Вам кого́? Что вам ну́жно? 您找谁? 您要什么?

④ Что но́вого? 有什么新鲜事儿? 有什么新闻?

⑤ Простите, где здесь ближайшая станция метро? 请问，最近的地铁站在哪儿?

⑥ Когда вы приехали? Как доехали? 您什么时候来的? 路上怎么样?

⑦ В котором часу (Когда) открывается магазин? Сколько с меня? 商店几点钟开门? 我该交多少钱? (付款时使用)

⑧ Какой сегодня день? Какое сегодня число? 今天是星期几? 今天是几号? 不带疑问词的,如:

⑨ Товары у вас продаются в розницу или оптом? 你们的商品批发还是零售?

⑩ Цена вас устраивает? 这个价格您以为合适吗?

3. 祈使句,如:

① Добро пожаловать! 欢迎光临!

② Друзья, прошу к столу! 朋友们,请入席!

③ Пошли! (Поехали!) 走吧! (开车吧!)

④ Начали! 开始吧!

⑤ Не стесняйтесь. Будьте как дома. 别客气,跟在家一样。

⑥ Продажа запрещена! Стоянка машин запрешена! Вход воспрещён! 禁止叫卖! 禁止停车! 禁止入内!

⑦ Смотри, не упади в реку. 当心,别掉到河里。

⑧ Товарищи, внимание! 同志们,请注意!

⑨ Давайте представим себя жизнь на Луне. 让我们想象一下月球上的生活吧!

⑩ Пусть сильнее грянет буря! 让暴风雨来得更猛烈些吧!

二、俄语句子的结构成分

1. 主语表示法

主语可以由下列词或词组充当:

1) 名词或作名词用的形容词或形动词以及代词,如:

① **Комната** за магазином показалась ему знакомой. 他觉得商店后面的房间很熟悉。

② Днём сюда приходили **отдыхающие**. 白天到这儿来的是休养的人。

③ Всё **прошлое** мне только снилось. 过去的一切对我只是梦。

④ **Все** на лицо. 所有人都到了。

⑤ **Это** было в прошлом году. 这事儿发生在去年。

⑥ Всякий знает. 人人皆知。

⑦ Это наш дом. 这是我们的房子。

⑧ Окружающие молчали. 周围的人都沉默不语。

⑨ Всё для победы. 一切为了胜利。

⑩ Его все знают. 大家都了解他。

2) 动词不定式、数词和不变化词类，如：

① Любить — вот счастье. 爱就是幸福。

② Жить на земле — это большое удовольствие. 活在世上就是最大的快乐。

③ Тридцать делится на пять без остатка. 30可以被5除尽。

④ Приехали семеро. 来了7个人。

⑤ "Потом" — слово плохое. "以后"是个不好的词。

⑥ "Браво" неслось со всех сторон. 喝彩声从四面八方传来。

⑦ Трое опоздали на поезд. 3个人没赶上火车。

⑧ Курить воспрещается. 禁止吸烟。

3) 各类词组，如：

① На палубе было много пассажиров. 甲板上有很多乘客。

② Больше ста километров оставалось ещё впереди. 前面还有100多公里呢。

③ Редко кто знает его в городе. 城里很少有人认识他。

④ У нас в группе сорок студентов. 我们班有40名大学生。

⑤ В каждой комнате живёт по четыре человека. 每个房间住4个人。

⑥ Каждый из студентов выполнил задание. 每个大学生都完成了任务。

⑦ Директор с инженерами составляют план производства. 厂长跟工程师们一起制定生产计划。

⑧ Каждый день мы с отцом вместе ездим на работу. 每天我和我父亲一起去上班。

2. 谓语表示法

1) 谓语可以由单个动词的所有形式，即陈述式、命令式和假定式以及相当于单个动词的动词+名词固定词组充当，如：

① Эта часть зрителей находилась на трибунах. 这部分观众在看台上。

② Останемся ещё на один день. 我们再留一天。

③ Хоть бы был дождь！下场雨该多好！

④ Прошу любить и жаловать！请多关照！

⑤ **Оказывал нам помощь** он только в самые трудные минуты. 他只是在最困难的时候才帮助我们。

⑥ **Кушайте на здоровье**！请随便吃吧！

⑦ Летом мы **поехали бы** на север. 夏天我们最好能去北方。

⑧ **Знай** он это, не **написал бы** такого письма. 要是他知道这件事, 就不会写这样的信了。

2) 由助动词和动词不定式两部分也可构成谓语。助动词通过变化形式表示时间、人称、性、数等语法意义, 动词不定式则表示主要的词汇意义。助动词表示开始、继续或结束等意义的有: начинать（начать）开始, стать 开始, приниматься（приняться）着手, браться（взяться）着手, продолжать 继续, кончить 结束, прекратить 停止, перестать 中止, бросить 放弃; 表示可能、愿望、意志、思维过程、心理感受等意义的有: мочь 能够, успеть 来得及, хотеть 想, желать 希望, стремиться 力图, стараться 努力, решить 决定, пытаться 企图, пробовать 尝试, думать 打算, собираться 准备, бояться 担心, любить 喜爱, стесняться 羞于, 不好意思, надеяться 希望, 如：

① Очень приятно с вами **познакомиться**. . 认识您很高兴。

② Он всегда рад **бросить курить**, да не **может**. 他总乐意戒烟, 可总也戒不掉。

③ В 8 часов отец **начинает работать**. 8 点钟父亲开始工作。

④ Мы **собираемся поехать** на путешествие летом. 我们打算夏天去旅行。

⑤ Лина **хотела пробовать писать**. 丽娜想尝试写作。

⑥ Он **намерен поговорить** с тобой. 他打算同你谈谈。

⑦ Старики **любили поговорить** о вещах необыкновенных. 老人们喜欢唠叨稀奇的东西。

⑧ Мы **кончили работать** в срок. 我们按期结束了工作。

3) 由系词和表语两部分也可构成谓语。系词主要表示人称、数、时间和式等语法意义, 表语部分主要表示词汇意义。系词主要有: быть 是, бывать 常常是, казаться 好像是, оказаться 原来是, остаться 仍然是, представляться 看起来像是, сделаться 变为, стать（становиться）成为, считаться 被认为是, являться 是, 如：

① Погода **будет прекрасной** 天气将会非常好。

② Незнакомец **оказался другом**. 陌生人原来是朋友。

③ Дед **пришёл первым**. 祖父第一个来的。

④ Стакан с чаем **стоит нетронутым**. 装茶水的杯子没有动过。

⑤ Василий **старался казаться весёлым**. 瓦西里尽量显得高兴些。

⑥ К сожале́нию, э́тот вопро́с пока́ остаётся неразрешённым (откры́тым). 很遗憾,这个问题尚未解决。

⑦ Они́ верну́лись и загоре́лыми, и кре́пкими. 他们回来时又黑又壮。

⑧ Стари́к лежа́л больно́й. 老人卧病在床。

三、只有一个主要成分的句子

1. 不定人称句

不定人称句的主要成分由陈述式现在时和将来时第三人称形式或过去时复数形式充当,表示由不确定的主体或不明确指出的主体发出的行为,如:

① Бара́нину пло́хо пригото́вили. 羊肉做得不好吃。

② Здесь вам мо́гут рассказа́ть мно́го интере́сного. 这里人们可以给你讲很多有趣的故事。

③ Заку́ски продаю́т таре́лками. 小菜按盘卖。

④ Постуча́ли в дверь. 有人敲门。

⑤ Уже́ в доро́ге ему́ сказа́ли об э́том. 在路上就已经有人告诉他这事了。

2. 泛指人称句

泛指人称句表示行为主体可能是任何人。泛指人称句的主要成分多用动词陈述式或命令式单数第二人称,多用于谚语、格言中,如:

① Слеза́м го́рю не помо́жешь. 哭不能解忧。

② Разли́тую во́ду не соберёшь. 泼出去的水是收不回来的。

③ Не спеши́ языко́м, торопи́сь де́лом. 少说多做。

④ Что име́ем, не храни́м, потеря́вши — пла́чем. 有的时候不爱惜,丢了之后哭鼻子。

⑤ Семь раз отме́рь, оди́н раз отре́жь. 三思而后行。

⑥ Век живи́, век учи́сь. 活到老,学到老。

⑦ Что посе́ешь, то и пожнёшь. 种瓜得瓜,种豆得豆。

⑧ Смо́тришь с верши́ны горы́ — пе́ред тобо́й весь го́род. 当你在山顶上眺望时,整个城市就呈现在你的面前。

3. 无人称句

无人称句表示没有主体或不受主体制约的行为或状态。无人称句的主要成分可以由没有人称意义的动词变位形式(现在时和将来时借用单数第三人称形式,过去时借用中性形式)、不定式形式、谓语副词及被动形动词短尾中性形式充当,主体用第三格形式(少数情况下用第二格)。具体如下:

1) 只有无人称意义的动词变位形式。这类动词有:света́ет (света́ло) 天亮,

темнéет（темнéло）天黑，холодáет（похолодáло）天冷起来，знобит（знобило）感觉发冷，(кого) рвёт（рвáло）呕吐，(кого) тошнит（тошнило）恶心，(кому) нездорóвится 不舒服，(кому) удáстся（удалóсь）不得不，(не) спится（спалóсь）睡不着，(не) сидится 坐不住；

① Ужé совсéм рассвéло. 天已经大亮了。

② Рáнним ýтром больнóго опять знобило. 大清早病人又发冷了。(больнóго 是四格)

③ Не вам одним плóхо спится, а и мне тóже стáло не спáться. 不单是你们睡得不好，我也开始失眠了。

④ В груди болит. 胸口疼。

⑤ Нам слéдует обращáть свой ум на твóрчество. 我们应该把自己的智慧用于创造。

2) 不定式形式

① Молчáть! 不准说话！

② В фойé не курить! 休息室内不准吸烟！

③ Как объяснить это превращéние? 如何解释这种变化？

④ Вам бы поговорить с ним. 您最好和他谈谈。

⑤ Упóрно овладевáть совремéнной наýкой и тéхникой. 努力掌握现代科学技术。

3) 有些谓语副词可以和不定式连用，一起作主要成分。这些谓语副词是：врéмя 该是……时候，должнó 应该，лень 懒得，мóжно 可以，нáдо 应当，нельзя 不应该，необходимо 必须，不能，нýжно 需要，охóта 愿意；有些谓语副词可以直接带补语，它们是：бóльно（рýку, нóгу）手、脚疼，видно（что）看得见，довóльно（чегó）足够，достáточно（чегó）足够，жаль（чегó）可惜，нáдо（что），нýжно（что），слышно（что）听得见，стыдно（за кого-что）为……害臊；谓语副词作主要成分的无人称句的时间通过быть 表示，状态的转换通过дéлается，стáло，станóвится 等表示，如：

① В лесý хóлодно. (было хóлодно, бýдет хóлодно) 森林里很冷（曾很冷，将会很冷）

② На ýлице стáло（станóвится, дéлается）жáрко. 街上变得（逐渐变得）很热。

③ В кóмнате нýжно убрáть. 房间需要收拾。

④ Довóльно разговóров! 够了，别谈了！

⑤ Задáние нáдо выполнить в срок. 作业必须按时完成。

⑥ Мне нýжно видеть начáльника. 我要见领导。

⑦ Как вам не сты́дно. 您怎么不害羞。
⑧ Ему́ доста́точно бу́дет э́тих да́нных. 这些资料足够他用。
⑨ Э́ту рабо́ту мо́жно сде́лать быстре́е. 这项工作能做的快些。
⑩ Мо́жно сказа́ть, всё в поря́дке. 可以说一切顺利。

四、复合句

复合句由两个或两个以上的简单句组成。简单句组成复合句有两种方法：一种是借助连接词或联系用语，叫带连接词复合句；另一种是不用连接词或联系用语，其间意义关系主要靠语调表示，叫无连接词复合句，主要在口语中使用。搞明白带连接词复合句中连接词的使用方法和意义特点，无连接词复合句组成部分之间的意义关系便可以根据词汇组成推导出来。连接词与联系用语的区别在于：连接词在句中只起连接作用，不作句子成分；联系用语则不仅充当连接手段，同时还在从属句中充当句子成分，有形式变化的词（如 что, кто, како́й, кото́рый 等）还要根据需要变化。例如：

① Я о́чень беспоко́юсь, что опозда́ю. 我很担心迟到。
Я зна́ю, что вы живёте в кварти́ре №5. 我知道您住在5号住宅。
что 是连接词，只起连接从属句和主句的作用，它没有词汇意义，不用翻译。

② Я о́чень беспоко́юсь, что он бу́дет говори́ть. 我非常担心他要说些什么。
Я зна́ю, что Оле́г чита́ет до́ма. 我知道奥列格在家里读什么。
что 是联系用语，它既连接主句和从属句，又在从属句中充当补语。Что 的意义需要翻译。

1. 连接词 и

连接词 и 表示时间关系（同时或先后关系）、原因-结果关系等，如：

① Сверка́ла мо́лния, и греме́л гром. 电闪，雷鸣。
Звеня́т трамва́и, и гудя́т автомоби́ли. 电车当当地驶过，汽车隆隆地奔驰。
同时发生的动作，几个谓语动词通常用未完成体的同一时间形式。

② Сверкну́ла мо́лния, и загреме́л гром. 打了一下闪，响起了雷声。
Наступи́л ве́чер, и в о́кнах зажгли́сь огоньки́. 天黑了，窗户里亮起了灯光。
依次发生的动作，谓语通常用完成体动词过去时表示。

③ Моему́ отцу́ пятьдеся́т лет, и мое́й ма́тери пятьдеся́т. 我父亲50岁，我母亲也50岁。
На кани́кулах он пое́дет в Пеки́н, и я то́же куда́-нибудь пое́ду. 假期里他要到北京去，我也要到外地去。

相同的现象,动词体时相同。

④ Вода́ в реке́ была́ холо́дная, и мы не ста́ли купа́ться. 河水很凉,我们就没有洗澡。

Свобо́дных мест не́ было, и поэ́тому нам пришло́сь стоя́ть. 空位子没有了,所以我们只好站着。

Шёл ме́лкий снежо́к, и бы́ло дово́льно хо́лодно. 下着小雪,相当冷。
具有因果关系的现象,动词多用过去时。

2. 连接词 и...и..., ни...ни...

и...и... 既可以连接肯定句,也可以连接否定句。而 ни...ни... 只用来连接否定句。这些叠用连接词都表示并存的现象或同时发生的行为,如:

① Хорошо́ тут у нас! И река́ течёт, и цветы́ цвету́т, и я́годы поспева́ют. 我们这里多好啊!有流水潺潺,有鲜花开放,有浆果在成熟。

② И жизнь идёт у него́ по-пре́жнему, и ничего́ но́вого нет. 他的生活依然如故,没有什么新内容。

③ И ве́тер ду́ет, и дождь идёт. 又刮风,又下雨。

④ И те́ма интере́сная, и приме́ры поня́тные, и преподава́тель хоро́ший. 题目有趣,例子通俗易懂,老师也好。

⑤ И врачи́ не спасу́т, и лека́рства не помо́гут. 医生束手无策,药物也无济于事。

⑥ Ни сам никуда́ не е́здил, ни у себя́ никого́ не принима́л. (他)自己从未出过门,也从未接待过什么客人。

⑦ Ни звезды́ на не́бе, ни огонька́ на земле́. 天空没有一颗星星,地上没有一点灯光。

⑧ Ни я не посла́л ему́ письма́, ни он мне не написа́л. 我没有给他去信,他也没有给我写信。

3. 连接词 то́же, та́кже, не то́лько...но и

这几个连接词均表示后者与前者相同或类似。то́же 有时可以跟 и 连用,而 та́кже 有时可以跟 а 连用。如:

① Мне бы́ло хо́лодно. Я уско́рил шаги́, он та́кже уско́рил. 我很冷,加快了脚步,他也加快了脚步。

② Секу́нду он молча́л, мать смотре́ла на него́ то́же мо́лча. 他沉默了一会儿,母亲也默默地望着他。

③ Я получи́л вы́сшее образова́ние, и сестра́ то́же зака́нчивает вуз. 我受过高等教育,妹妹也将大学毕业。

④ В читáльном зáле нельзя́ грóмко разговáривать, и курúть здесь тóже нельзя́. 阅览室里不准大声说话,吸烟呢这里也是不准许的。

⑤ Лю́ди си́льно проголодáлись, лóшади тáкже нуждáлись в óтдыхе. 人们都饿坏了,马也需要休息。

⑥ На заедáнии прису́тствовали учáщиеся, преподавáтели, а тáкже роди́тели. 出席会议的有学生、教师以及家长。

⑦ Он хорошó у́чится, а тáкже хорошó рабóтает. 他学习好,工作也好。

⑧ **Не тóлько** дéти полю́бят э́ту кни́гу, **но и** для взрóслых встрéча с ней бу́дет рáдостью. 不仅孩子们会喜欢这本书,成年人读它也会高兴的。

⑨ **Не тóлько** аспирáнты выступáли на конферéнции, **но и** студéнты не молчáли. 不仅研究生,就连大学生也在大会上发了言。

⑩ Пётр прóдал ры́бу и **не тóлько** возмести́л свои́ убы́тки, **но** у негó и остáлись свобóдные дéньги. 彼得卖了鱼,不仅补偿了自己的损失,而且还剩下一些闲钱。

4. 连接词 a
连接词可以表示对比-对照关系、对比-让步关系和对比-不协调关系。
1) 对比-对照关系
① Он студéнт, **а** я преподавáтельница. 他是大学生,而我是老师。
② Зимóй нóчи дли́нные, **а** дни корóткие. 冬季夜长昼短。
③ Он поéхал, **а** я остáлся. 他走了,我却留了下来。
④ Мне сóрок лет, **а** моéй женé три́дцать. 我40岁,而我妻子30岁。
⑤ Натáша лю́бит óперу, **а** Ни́на — балéт. 娜塔莎喜欢歌剧,而玛莎喜欢芭蕾舞。

2) 对比-让步关系
⑥ Нарóду мнóго, **а** рабóтать нéкому. 人倒不少,可是干活儿却没人。
⑦ Я не согласи́лся с э́тим предложéнием, **а** онá вы́сказалась за негó. 这个建议我不同意,可她却赞成。
⑧ На у́лице ужé светáло, **а** друзья́ всё не могли́ наговори́ться. 天已破晓,可是朋友们还是谈兴未尽。

3) 对比-不协调关系
⑨ Ужé давнó светлó, **а** лáмпа всё горéла. 天早已亮了,而灯还点着。
⑩ На у́лице хóлодно, **а** дóма теплó. 外面冷,而屋里暖和。

5. 连接词 но, однáко
连接词 но 表示对立-让步关系、对立-限制关系和对立-补偿关系。однá-

ко 意义与 но 相同，不过多用于书面语。对立－补偿关系中 но 经常跟 зато́ 连用表示强调补偿。

1）对立－让步关系

① Ко́мната была́ больша́я, но в ней жи́ли то́лько два челове́ка. 房间很大，可是里面只住了两个人。

② Вряд ли я смогу́ прийти́, но я постара́юсь. 我未必能来得了，但我尽力吧。

③ Ночь подходи́ла к концу́, одна́ко никто́ не уходи́л. 夜已尽，但谁也没走开。

④ Все мы уста́ли, одна́ко никто́ из нас не ду́мал об о́тдыхе. 我们都很疲倦，但谁也没有考虑休息。

2）对立－限制关系

⑤ Я реши́ла посове́товаться с отцо́м, но вре́мени не́ было. 我决定和父亲商量商量，但是没有时间。

⑥ Я хочу́ пое́хать в Пеки́н, но у меня́ нет де́нег на доро́гу. 我想去北京，但我没有路费。

⑦ У неё хоро́шее произноше́ние, одна́ко она́ пло́хо у́чится. 她的发音很好，但学习很差。

3）对立－补偿关系

⑧ Э́та ша́пка дорога́я, но зато́ она́ бу́дет до́лго носи́ться. 这顶帽子价钱贵，但它经久耐用。

⑨ Ле́то было о́чень жа́ркое, но мо́жно бы́ло купа́ться. 夏天虽说很热，但可以游泳。

6. 连接词 да

连接词 да 用以表示同时关系时，与连接词 и 同义，表示对立－让步关系、对立－限制关系时与 но 同义，但 да 带有口语色彩，主要用于口语和民间口头创作中。如：

① На дворе́ идёт дождь, да гром греми́т. 外面下着雨，还打着雷。

② Мо́ре поёт свою́ ве́чную пе́сню, да ча́йки лета́ют над волна́ми. 大海唱着自己永恒的歌，海鸥在波涛上飞翔。

③ Они́ мно́го говори́ли, да я ма́ло поняла́. 他们说了许多，可我懂得很少。

④ Бли́зок ло́коть, да не уку́сишь. （谚语）胳膊肘虽近，可咬不着。（可望而不可及）

⑤ Я засну́л было, да меня́ разбуди́ли. 我本来都要睡着了，但有人把我叫醒了。

⑥ Я хоте́л сде́лать э́то, да не́ бы́ло вре́мени. 我想做成这件事情，但没有空。

⑦ Мы хоти́м помо́чь Ко́ле лу́чше учи́ться, да ничего́ не получа́ется. 我们想帮助科利亚更好地学习，但毫无效果。

⑧ Самова́р бы я вам поста́вил, да ча́ю у меня́ нет. 我本可以给你摆上茶饮，可我这儿没有茶叶。

7. 连接词 то́лько

连接词 то́лько 只表示对别－限制意义，常用于口语中。如：

① Я обяза́тельно найду́ вам э́ту кни́гу, то́лько сейча́с у меня́ ремо́нт. 我一定会给您找到这本书，只是我家里正在修缮。

② Мой друг о́чень спосо́бный челове́к, то́лько занима́ется он ма́ло. 我的朋友是个有才华的人，只是他很少学习。

③ Я бы мог показа́ть вам Москву́, то́лько сего́дня я за́нят. 我可以带您去看莫斯科，只是今天没空。

8. 连接词 а то́, а не то́, не то́

这三个对别连接词都表示条件－结果关系，多用于口语，意义基本相同，都可译为"要不然（的话）"，可以互换，如：

① — Пей, пей скоре́й, а то́ (а не то́, не то́) в шко́лу опозда́ешь! — торо́пит стару́ха Ва́сю. "喝呀，快点喝呀，要不然你就要迟到！"— 老太太催促瓦夏。

② — На́до гляде́ть в о́ба, — сказа́л он себе́, не то́ (а то́, а не то́) как раз пропадёшь. "应该多留点神"，他嘱咐自己，"没准恰好就完蛋！"

③ Хорошо́, что мы бы́ли до́ма, а то (а не то́, не то́) пришло́сь бы вам е́хать обра́тно. 幸好我们在家，不然您就得回去了。

④ Отвеча́й же мне, а не то (а то, не то́) бу́ду беспоко́иться. 给我回答，不然我会不安的。

⑤ На́до идти́ быстре́е, не то́ (а то, а не то́) опозда́ем. 该快些走，否则我们要迟到了。

9. 连接词 и́ли (и́ли...и́ли), ли́бо (ли́бо...ли́бо)

и́ли 或 ли́бо 均可单独使用或连用，表示两个或更多的事实互相排斥（即现实中只能存在其一）。两个连接词可以互换，但 ли́бо 多用于书面语，如：

① Я постара́юсь сдать экза́мен по ру́сскому языку́ в январе́, и́ли мне перенесу́т экза́мен на февра́ль. 我争取1月份通过俄语考试，或者将考试改在2月份。

② И́ли вы идёте ко мне, и́ли я зайду́ за ва́ми. 要么您到我这儿来，要么我去找您。

③ И́ли э́ти цветы́ на́до полива́ть ка́ждый день, и́ли придётся убра́ть их с солнечной стороны. 要么应当给这些花每天浇水,要么将它们搬离向阳的一面。

④ Я не поинмаю тебя, либо ты не хочешь меня понять. 我没听懂你的意思,也许是你不想弄懂我的意思。

⑤ Либо вы сейчас одеваетесь, либо я уеду один. 或者您穿上衣服(跟我走),或者我自己一个人走。

10. 连接词 то ли...то ли, не то...не то

两组连接词均表示对不同可能性的推测,这些可能性是相互排斥的,如:

① В мастерской пусто — то ли обеденный перерыв, то ли никакой работы. 工作室里空无一人,不知是午休呢,还是没有活儿了。

② Его не было на вечере. То ли ему не передали приглашения, то ли он был занят. 晚会上没有他。也许是他没接到请柬,也许是他脱不开身。

③ Я ничего не узнавал. Не то я не жил на этой улице, не то от неё осталось одно название. 我什么都没认出来。或者是因为我没在这条街上住过,或者是这条街只剩下了名字。

④ Не то новая мода пошла, не то он хотел выделиться. 不知是新的时尚流行起来,还是他想显得与众不同。

11. 连接词 то...то

то...то 用来表示事实交替出现,如:

① То светило солнце, то шёл дождь. 忽而出太阳,忽而下雨。

② Вчера мне весь день мешали работать: то кто-нибудь входил в мою комнату, то звонил телефон. 昨天一整天都有人打搅我工作:一会儿房间里进来个人,一会儿又打来个电话。

③ В ноябре обычно бывает ненастная погода, то идёт сильный дождь, то падает мокрый снег, то дует пронзительный ветер. 11月里常常是阴雨天气,时而下起大雨,时而飘落湿雪,时而又刮着刺骨的寒风。

12. 连接词和联系用语 что

1) 连接词 что

连接词 что 说明主句所述的事实,如:

① Я был рад, что меня пригласили на этот вечер. 我很高兴应邀参加这次晚会。

② Он знает, что твой журнал в столе. 他知道你的杂志在桌子里面。

③ Они думают, что моя сестра строитель и сейчас работает в Новасибирске. 他们认为我姐姐是建筑工人,现在在新西伯利亚工作。

④ Мать не хотела верить, что я мог поймать рыбу. 母亲不愿相信我能捕到鱼。

⑤ Я счита́ю, **что** вы пра́вы. 我认为您是正确的。

2) 联系用语 что

联系用语 что 表示主句中所说明的事物或主句的全部内容，从句中 что 的格形式要按其在句中的语法地位变化，如：

① Здесь продаётся всё, **что** вам уго́дно. 这里卖您所需要的所有东西。

② Я слу́шал исто́рию, **что** рассказа́л сосе́д. 我听了邻居讲的一个故事。

③ **Чем** всё ко́нчится, э́то пока́ неизве́стно. 一切结果如何，目前还不清楚。

④ Мне я́сно, для **чего́** вы прие́хали. 我清楚你们为什么而来。

⑤ Тепе́рь я по́нял, **чему́** я до́лжен удели́ть осо́бое внима́ние. 我现在明白了该特别注意些什么。

⑥ На́ша волейбо́льная кома́нда проигра́ла, **чего́** мы ника́к не ожида́ли. 我们的排球队输了，这一点我们怎么也没料到。

⑦ Ко́ля простуди́лся, **чем** и объясня́ется его́ отсу́тствие на заня́тиях. 科利亚患了感冒，这是他缺席的原因。

⑧ Ната́ша начала́ писа́ть рабо́ту по лингви́стике, **о чём** она́ давно́ мечта́ла. 娜塔莎开始写语言学方面的论文，这是她向往已久的事了。

13. 连接词 чтобы

1) 连接词 чтобы 表示实际上尚未发生的事情，可用来表示希望、假定、祈使等意义。如主句和从属句的行为分别属于不同的主体，从属句中的谓语要用过去时形式，如：

① Ва́жно, **что́бы** план был вы́полнен. 重要的是要让计划完成。

② Жела́тельно, **что́бы** бы́ло так. 但愿如此。

③ Нельзя́, **что́бы** он ушёл ни с чем. 别让他空手走。

④ Я люблю́, **что́бы** все студе́нты на́шей гру́ппы занима́лись в студе́нческом нау́чном о́бществе. 我希望我们班所有的学生都参加大学生科研协会的活动。

⑤ Я прошу́ Бори́са, что́бы он помо́г тебе́. 我求鲍里斯去帮你。

⑥ Ната́ша умоля́ла врача́, **что́бы** он пропусти́л её к до́чери. 娜塔莎恳求大夫让她去见女儿。

⑦ Оте́ц потре́бовал, **что́бы** я е́хала с ним. 父亲要我和他一起去。

⑧ Я люблю́, **что́бы** в ко́мнате стоя́ли цветы́. 我喜欢房间里摆花。

⑨ Не люблю́, **что́бы** меня́ отрыва́ли от рабо́ты. 我不喜欢别人打断我的工作。

⑩ Я не счита́ю, **что́бы** он мог прие́хать во́время. 我不认为他能准时来。

2) 连接词 чтобы 还可用来说明主句中行为进行的目的。如果主句和从属句的行为主体是同一个,从属句中谓语用不定式形式;如果从属句的行为与主句的行为不是同一个主体,从属句中谓语动词用过去时形式。无人称句中也要用过去时。如:

① Мы páно вы́ехали, что́бы успе́ть на по́езд. 为了能赶上火车,我们很早就乘车出来了。

② Что́бы не меша́ть други́м, лу́чше слу́шать че́рез нау́шники. 为了不影响别人,最好用耳机听。

③ Стекля́нная дверь на балко́н закры́лась, что́бы из сада не несло́ жа́ром. 阳台上的玻璃门关着,怕的是花园里的热气进来。

④ Я разбуди́л Ната́шу, что́бы она не опозда́ла на ле́кцию. 我叫醒了娜塔莎,免得她上课迟到。

⑤ Маши́ны засвети́ли фа́ры, что́бы освети́ть лесну́ю доро́гу. 为了照亮林间的道路,车灯打开了。

⑥ Я жела́ю, что́бы ты как мо́жно скоре́е верну́лся. 我希望你能尽快回来。

⑦ Врач приказа́л, что́бы сюда́ не входи́ли. 医生命令人们不要进来。

⑧ Преподава́тель стара́лся, что́бы ученики́ хорошо́ по́няли его́. 教师尽力使学生理解他讲解的内容。

3) что́бы 与 что 的区别:

что́бы 与 что 的主要区别在于意义。что́бы 表示愿望和估计,что 表示事实。试比较:

① Он сказа́л, что́бы все смотре́ли э́тот фильм. 他说让大家都看这部电影。

② Он сказа́л, что все смотре́ли э́тот фильм. 他说大家都看过这部电影。

③ Я не ду́маю, что́бы за неде́лю вы осво́или э́тот материа́л по си́нтаксису. 我不认为您能在一周内掌握这个句法材料。

④ Я не ду́маю, что за неде́лю вы осво́ите э́тот материа́л по си́нтаксису. 我认为您在一周内掌握不了这个句法材料。

⑤ Я сомнева́юсь, что́бы он овладе́л языко́м за год. 我怀疑他一年内掌握不了一种语言。

⑥ Я сомнева́юсь, что он овладе́ет языко́м за год. 我怀疑他一年内是否能掌握一种语言。

⑦ Он сказа́л, что́бы това́рищи пришли́. 他说要同志们都来。

⑧ Он сказа́л, что това́рищи пришли́. 他说同志们都来了。

⑨ Ва́жно, что́бы рабо́та была́ зако́нчена в срок. 重要的是要按期完成工作。

⑩ Ва́жно, что рабо́та была́ зако́нчена в срок. 重要的是,工作按期完成了。

当 чтобы 与诸如有意愿、命令、希望等意义的动词,如 желать, попросить, требовать 连用时,应用 чтобы。

14. 连接词 ли

连接词 ли 表示一种疑问,设问词放在句首并带有逻辑重音,连接词 ли 紧跟其后,如:

① Не знаю, успею ли до темноты дойти до цели. 我不知道,能否在天黑前到达目的地。

② Скажите, далеко ли отсюда вокзал? 请问,车站离这儿远吗?

③ Вы не слышали, открылась ли уже библиотека после ремонта? 您是否听说图书馆修缮后开馆没有?

④ Я хотел узнать, летом ли мы поедем в Москву или зимой. 我想知道我们是夏季还是冬季去莫斯科。

⑤ Студенты интересовались, поедут ли они в Крым или на Кавказ. 大学生感兴趣的是他们去不去克里米亚或高加索。

15. 联系用语 который

который 的性、数与主句中被说明词一致,而格形式取决于它在从属句中的作用,如:

① Человек, который хочет сделаться хорошим писателем, раньше всего должен стать хорошим читателем. 一个人要想当一名好作家,首先必须成为一名好读者。

② Мы беседовали с писателем, роман которого нам давно известно. 我们和一位作家座谈,他写的小说我们早就熟悉。

③ Назовите русских писателей, которых вы знаете. 请把您知道的俄国作家的名字说一说。

④ Париж — город, о котором я много читал. 巴黎是一个我从书报上了解很多的城市。

⑤ Я живу с другом, который живёт в Минске. 我和一个朋友一起住,他家住在明斯克。

⑥ Я живу с другом, которого нет дома сейчас. 我和一个朋友住,他现在不在家。

⑦ Я живу с другом, которому я подарил книгу. 我和一个朋友住,我送给他一本书。

⑧ Я живу с другом, которого я знаю хорошо. 我和一个朋友住,我很了解他。

⑨ Я живу́ с дру́гом, **с кото́рым** я неда́вно познако́мился. 我和一个刚认识的朋友一起住。

⑩ Я живу́ с дру́гом, **о кото́ром** я рассказа́л. 我和一个朋友住，关于他我已经讲过。

16. 联系用语 какой

какой 的用法基本同 который，除了修饰限定意义外，还有性质或类比意义。какой 的性与主句中被说明的名词一致，数可以一致，也可能不一致，而格形式取决于它在从属句中的作用。如：

① На́до купи́ть таку́ю же су́мку, **каку́ю** но́сит Та́ня. 需要买一个塔尼亚背的那种包。

② Таки́х рек, **о како́й** говори́шь ты, мно́го. 你所讲的那种河流很多。

③ У Ко́ли таки́е спосо́бности, **каки́х** нет ни у кого́ в на́шей гру́ппе. 科利亚具有我们班上任何人都没有的那种才能。

④ Я уви́дел пти́цу, **како́й** до э́того нигде́ не встреча́л. 我看见一只鸟，此前这种鸟我在哪儿都没见过。

⑤ Я хочу́ купи́ть тако́е пла́тье, **в како́м** ты была́ вчера́ на ве́чере. 我想买一件你昨天晚会上穿的那种连衣裙。

有时 какой 可能用复数表示该类事物，如：

⑥ Мы уви́дели сооруже́ние, **каки́х** я пре́жде никогда́ не ви́дел. 我们看见了一个我以前从未见过的建筑物。

какой 与 который 的区别是，который 修饰并说明的正是名词所指事物，而 какой 表示名词所指那类事物，而不是该事物。试比较：

Я дал ему́ слова́рь, **кото́рый** вы неда́вно купи́ли. 我把您不久前买的那本词典给了他。

Я дал ему́ слова́рь, **како́й** вы неда́вно купи́ли. 我给了他一本您不久前买到的那种词典。

17. 联系用语 кто

кто 与主句中表人的名词发生联系，此时相当于 который，常可互换。从属句中谓语的数取决于主句中被 кто 说明的词。如该词是单数，从属句中的谓语用单数；如该词是复数，则从属句中的谓语既可用单数，在形式上与主语 кто 一致，也可用复数，在意义上与主句中的名词一致，如：

① Челове́к, **о ком** вы говори́те, рабо́тал в на́шем институ́те. 你们谈论的那个人曾在我们学院工作过。

② Мы оказа́лись после́дними, **кому́** удало́сь доста́ть биле́ты на э́тот концерт. 我们是最后弄到这场音乐会门票的人。

③ Профéссор хотéл найти́ ассистéнта, **кто** говори́л бы на немéцком языкé. 教授想找一个会说德语的助教。

④ Не бы́ло человéка, **кто** бы емý не вéрил. 没有哪个人不信任他。

⑤ Он не нашёл знакóмых, **кто** бы мог（могли́）бы́ло вмéсто негó сейчáс поéхать в гóрод. 他没找到现在可以替他去一趟城里的熟人。

18. 联系用语 чей

чей 相当于 котóрый 用于名词后的第二格形式，表示领属意义，其性、数、格和从句中被说明的名词一致，如：

① Мы навести́ли учёного, **чьи совéты**（＝совéты котóрого）нам óчень полéзны. 我们去看望了学者，他的建议对我们很有益处。

② Жéнщина, **чей портрéт**（＝портрéт котóрой）виси́т на стенé, былá рéктором университéта. 这个女人的相片还挂在墙上，她曾是大学校长。

③ Писáтель, **чью кни́гу**（＝кни́гу котóрого）ты изучáешь, интересýет и меня́. 我也对那个作家感兴趣，他的书你正在读。

④ Писáтель, **чьё сочинéние**（＝сочинéние котóрого）ты изучáешь, интересýет и меня́. 我也对那个作家感兴趣，他的文章你正在读。

⑤ Писáтель, **чей óчерк**（＝óчерк котóрого）ты изучáешь, интересýет и меня́. 我也对那个作家感兴趣，他的随笔你正在读。

⑥ Недáвно у нас состоя́лась встрéча с молоды́м писáтелем, **чьи кни́ги**（＝кни́ги котóрого）пóльзуются большóй популя́рностью. 不久前我们与一位青年作家见了面，他的作品现在很受欢迎。

⑦ Человéк, **на чью пóмощь**（＝на пóмощь котóрого）я рассчи́тывал, не пришёл. 我指望帮我忙的那个人没有来。

19. 联系用语 где, кудá, откýда

当 где, кудá, откýда 与主句中表事物的名词发生联系时，相当于联系用语 котóрый, 常可互换。如：

① В той кóмнате, **где**（в котóрой）дéти спят, óкна выхóдят на юг. 孩子们睡觉的那间屋子，窗户朝南。

② Реши́ли организовáть такóй клуб, **кудá**（в котóрый）охóтно ходи́ла бы молодёжь. 决定筹建一个青年人都乐意去的俱乐部。

③ Я сидéл у тогó окóшка, **откýда**（от котóрого）виднá былá дорóга. 我坐在一个可以看见大道的小窗户旁边。

④ Аудитóрия, **где**（в котóрой）мы слýшали лéкции, хорошó оборýдована для учебного процесса. 我们听过课的教室里安装了良好的教学设备。

⑤ Я подошёл к дому, **куда**（**в который**）вошёл этот человек. 我来到了这个人走进去的那栋房子跟前。

⑥ В прошлом году я был в деревне, **где**（**в которой**）родился мой отец. 去年我去了我父亲出生的那个村子。

⑦ Парк, **откуда**（**из которого**）мы вышли, уже скрылся в тумане. 我们走出来的那个公园，已经隐没在暮霭之中了。

⑧ Дом отдыха, **куда**（**в который**）я приехал, расположен в живописном месте. 我去的那个疗养院坐落在一个风景区。

当 где, куда, откуда 在从句中出现时，用在句首表示疑问。如：

① Антон спрашивает, **где** работает этот физик. 安东问这位物理学家在什么地方工作。

② Стало известно, **где** построят школу. 已经清楚将在哪儿建学校。

③ Я не знаю, **откуда** можно получить нужные мне книги. 我不知道从哪儿可以得到我需要的书。

④ Иди, **куда** хочешь. 想去哪儿，你就去哪儿吧。

主句中可以用表示指示意义的地点副词。如：

① Мы будем работать **там**, **куда** нас пошлют. 把我们派到哪里，我们就在哪里工作。

② Он вернулся **оттуда**, **куда** собирается Коля. 他从科利亚准备去的地方回来了。

③ Мы решили заниматься языковыми играми **там**, **откуда** можно вынести лишние столы.

④ Мой отец работает **там**, **откуда** вы приехали. 我父亲在您来的那个地方工作。

⑤ Я решил устроиться на работу **там**, **где** нужна моя специальность. 我决定去需要我专业的地方工作。

20. 时间连接词 когда

连接词 когда 可以通过连接从属句来表示主句行为发生在什么时间或什么情况下，когда 所在的从属句既可在后，也可在前。如：

① Говорить по-русски я научился, **когда** мне было лет 14. 我 14 岁左右学会了说俄语。

② **Когда** в руки попадает интересная книга, забываешь обо всём на свете. 每当一本有趣的书到手，你就会忘记世上的一切。

③ Когда́ мы верну́лись домо́й, мать гото́вила у́жин. 当我们回到家的时候，妈妈正在做晚饭。

когда́ 所引从属句还可用在表示言语、意识等意义的动词连用，揭示动词所要表达的具体内容。如：

④ Воло́дя не сказа́л, когда́ вернётся домо́й. 瓦洛佳没说什么时候回家。

⑤ Серёжа спроси́л, когда́ я освобожу́сь ве́чером. 谢廖扎问我晚上什么时候有空。

когда́ 所引从属句还可修饰表示时间意义的名词，揭示该时间内发生什么事情。如：

⑥ Я никогда́ не забу́ду того́ ча́са, когда́ впервы́е уви́дел Кра́сную пло́щадь. 我永远也不会忘记第一次见到红场的那一刻。

⑦ Я никогда́ не забу́ду того́ дня, когда́ стал студе́нтом. 我永远不会忘记成为大学生的那天。

⑧ Э́то бы́ло весно́й того́ го́да, когда́ начала́сь война́. 这是发生在战争爆发的那年春天。

⑨ Э́то был пе́рвый слу́чай, когда́ он потеря́л созна́ние. 这是他第一次失去知觉。

⑩ В жи́зни быва́ют таки́е обстоя́тельства, когда́ необходи́мо бы́стро приня́ть реше́ние. 生活中常常遇到必须当机立断的情况。

21. 时间连接词 пока́

连接词 пока́ 表示主句与从属句的行为同时发生，此时与 когда́ 同义，有时可由 когда́替换，从属句中多用动词未完成体形式。

① Пока́ (Когда) шёл дождь, мы сиде́ли до́ма. 下雨的时候，我们正在家里。

② Пока́ (Когда) мы разгова́ривали, Ни́на сходи́ла в кни́жный магази́н. 在我们谈话的时候，尼娜去了一趟书店。

③ Здесь ничего́ не измени́лось, пока́ его́ не́ было. 他不在的时候，这里没有什么变化。

注意：能用 когда́ 的地方，却不一定能用 пока́。当从属句是否定句时，不能用 когда́ 替换，此时表示主句动作延续到从属句动作的实现，而 не 实际上无否定意义，译成汉语常用肯定句"直到……为止"，主句中可用 до тех пор 与之呼应，从属句中多用动词完成体形式。如：

④ Я следи́л за ним, пока́ он не скры́лся. 我一直凝视着他，直到他消失为止。

⑤ Я броди́л до тех пор, пока́ со́лнце не се́ло. 我一直溜达到太阳下山。

22. 时间连接词 с тех пор как, после того как, как только

连接词 с тех пор как 和 после того как 表示从属句的行为发生在主句的行为之前，как только 则表示从属句的行为发生之后紧接着发生主句的行为。主句和从属句中动词均用完成体。如：

① **С тех пор** как она уехала, прошло десять лет. 自从她走后已经过去了10年了。

② **После того как** работа кончилась, все пошли отдыхать. 工作结束以后，大家都去休息了。

③ **После того как** я окончу институт, я поеду работать в родной город. 大学毕业后，我将回故乡工作。

④ **Как только** скрылось солнце, стало очень холодно. 太阳一下山，天就变得很冷。

23. 时间连接词 до того как, прежде чем, перед тем как

连接词 до того как, прежде чем, перед тем как 表示从属句的行为发生在主句的行为之后。当从属句和主句的行为主体是同一个时，从属句中可用动词不定式，如：

① **До того как** начнутся каникулы, мы должны сдать два экзамена. 放假前我们有两门考试。

② Прошла целая неделя, **прежде чем** мать собрала их в дорогу. 整整过了一星期母亲才把他们的行装准备好。

③ **Прежде чем** стемнело, мы уже пришли домой. 天黑以前，我们到家了。

④ **Прежде чем** говорить, надо подумать. 说话之前，要考虑一下。

⑤ **Прежде чем** принять решение, он посоветовался с товарищами. 在做出决定之前，他与同志们商量过。

⑥ **Перед тем как** войти, он постучал. 进来之前，他敲了敲门。

⑦ **Перед тем как** уйти, мне нужно убрать комнату. 在走之前，我要收拾一下房间。

24. 条件连接词 если

带连接词 если 的从属句所表示的条件是真实的，可能实现的，如：

① Обязательно звоните, **если** понадобится. 如果需要的话，请一定打电话来。

② **Если** больше нечего, то я ухожу. 若没有其他事，我先走了。

③ **Если** тебе не трудно, принесите мне стакан чаю. 如果您方便的话，请给我端杯茶来。

④ Никто́ в э́том ми́ре не мо́жет тебя́ обману́ть, е́сли ты сам че́стно к себе́ отно́сишься. 当你诚实地面对自己的时候，世界上没有人能够欺骗得了你。

⑤ Е́сли у тебя́ ум и о́пыт недоста́точны, обы́чно ты ошиба́ешься. 如果你没有足够的智慧与经验，通常都会犯错误的。

⑥ Е́сли Воло́дя уже́ верну́лся из Петербу́рга, он зайдёт к нам. 如果瓦洛佳已经从彼得堡回来，他就会来我们这儿。

⑦ Е́сли ты принесёшь мне кни́гу за́втра, я успе́ю вы́полнить зада́ние. 如果你明天给我带来书，我就能完成作业。

⑧ Е́сли дочь приходи́ла по́здно, мать волнова́лась. 如果女儿回来晚了，母亲就着急。

⑨ Е́сли уж всё решено́, то не́чего обсужда́ть. 既然一切都决定了，那就没什么可讨论的了。

⑩ Пра́вду говоря́т: е́сли любо́вь настоя́щая, то она́ не умрёт с года́ми. 人们说的对，真正的爱情是不会随着岁月的流逝而消失的。

25. 条件连接词 раз

带连接词 раз 的从属句所表示的条件，是实际存在的，是真实的或已经实现的，如：

① Раз дал сло́во, ну́жно его́ держа́ть. 既然许下诺言，就应该履行它。

② Раз все пошли́, то и я иду́. 既然大家都走了，那我也走。

③ Дава́йте отдохнём, раз вы уста́ли. 既然你们累了，那咱们就休息吧。

④ Раз ты пришёл, дава́й поговори́м открове́нно. 你既然来了，咱们就坦率地谈谈。

⑤ Раз вы согласи́лись, так уж нельзя́ вам отка́зываться. 您既然同意了，就不该拒绝。

⑥ Раз ничего́ не понима́ешь, так помолчи́! 你既然什么都不懂，那就别说话!

26. 条件连接词 е́сли бы

带连接词 е́сли бы 的从属句所表示的条件是虚拟的，是不可能实现的，如：

① Е́сли бы у нас бы́ли биле́ты, мы пошли́ бы в теа́тр. 我们若是有票，就到剧院去了。

② Е́сли бы не друзья́, мне жило́сь бы тру́дно. 若不是有朋友，我会生活得很困难。

③ Е́сли бы не ты, я бы опозда́л. 要不是你，我就迟到了。

④ Е́сли бы в су́тках бы́ло три́дцать часо́в, я успе́л бы сде́лать бо́льше. 假如

一昼夜有 30 个小时，我就能做完更多的事。

⑤ Éсли бы ты вчера́ пришёл ко мне, мы бы договори́лись об э́том. 假如你昨天来我这儿，我们或许就谈妥这件事了。

⑥ Éсли бы мы зна́ли э́то зара́нее, мы при́няли бы ме́ры. 假如我们事先知道的话，就采取措施了。

27. 原因连接词 потому́ что

带连接词 потому́ что 的从属句必须放在主句后面。потому́ что 还可分解成 потому́, что。这时 потому́ 带逻辑重音，起强调原因的作用。如：

① Он взял с собо́й тёплую оде́жду, потому́ что ве́чером хо́лодно. 他随身带了防寒衣服，因为晚上冷。

② Он пое́дет в дере́вню на кани́кулы, потому́ что там живу́т его́ роди́тели. 他要去农村过假期，因为他的父母住在那儿。

③ Я не иду́ на конце́рт, потому́ что мне ну́жно гото́виться к заня́тиям. 我不能去看音乐会，因为我需要备课。

④ Я учу́сь в педагоги́ческом институ́те, потому́ что хочу́ стать учи́телем. 我在师范学院学习，因为我想成为一名教师。

⑤ Ве́чером го́сти уе́хали, потому́ что в до́ме не́где бы́ло помести́ться. 晚上客人们走了，因为房子里没有住的地方。

⑥ Воло́дя не пришёл на заня́тия потому́, что заболе́л. 瓦洛佳之所以没来上课是因为生病了。

⑦ Без сомне́ния, Оля влюблена́, потому́ что глаза́ её сия́ют я́рче пре́жнего. 毫无疑问，奥利亚爱上了什么人，因为她的眼睛比以往更有神。

⑧ Сто́ит ли отка́зываться от тру́дного де́ла то́лько потому́, что оно́ тру́дное? 仅仅由于工作艰巨就拒绝接受，这样做必要吗？

28. 原因连接词 так как

带连接词 так как 的从属句可位于主句前，也可以位于主句后，如：

① Так как бы́ло по́здно, мы верну́лись домо́й. 因为天色已晚，我们回家了。

② Рабо́таю с переры́вами, так как прихо́дится принима́ть посети́телей. 我的工作不时被打断，因为不得不接待来客。

③ Он не мог прийти́ во́время, так как задержа́лся в доро́ге. 他不能按时来了，因为在路上耽搁了。

④ Так как я мно́го занима́юсь, я хорошо́ зна́ю си́нтаксис. 因为我学习努力，所以句法掌握得好。

⑤ Ка́жется, библиоте́ка ещё закры́та, так как в помеще́нии темно́. 好像图

书馆还没开,因为房子里面还黑着。

29. 原因连接词 благодаря тому что, из-за того что, оттого что

连接词 благодаря тому что 多表示好的原因,可译为"多亏……",而 из-за того что 多表示不利的原因, оттого что 不强调说话人的态度,只说明客观上由于某种原因。如:

① Он выполнил свою работу в срок, благодаря тому что с самого начала сумел хорошо организовать своё время. 他按时完成了自己的工作,是因为从一开始他就善于把时间安排得很好。

② Из-за того, что в комнате стоял сильный шум, я ничего не мог услышать. 由于屋里太吵,我什么也没听见。

③ Оттого что погода ухудшилась, мы не поехали на экскурсию. 由于天气变坏了,我们没去游览。

④ Становилось прохладно, оттого что наступил вечер. 天变得凉爽起来,因为夜晚来临了。

30. 让步连接词 хотя

表示让步意义的连接词 хотя 引起的从属句可位于主句前,也可位于主句后。当位于主句前时,主句开头可用 но 或 однако 与其呼应。如:

① Хотя наступил вечер, было очень жарко. 虽然黄昏已经来临,但仍很热。

② Хотя он вырос на севере, но (однако) он не умеет кататься на коньках. 虽然他在北方长大,但却不会滑冰。

③ Мы купили много книг, хотя для этого нужно было брать деньги в долг. 我们买了许多书,尽管为此要借债。

④ Никто не спал, хотя час был поздний. 时间很晚了,但谁也没睡。

⑤ Хотя время у нас ещё есть, тем не менее нужно спешить. 虽然我们还有时间,但还得赶紧。

31. 联系用语 кто (что, куда, когда, как, сколько) + ни

用联系用语加 ни 连接的让步从属句表达概括意义的让步关系。ни 起加强语气的作用,但无否定意义。有时,在从属句中加语气词 бы,谓语用假定式形式,以强调从属句的概括泛指意义,主句中仍用陈述式,整个复合句的时间以主句为准。如:

① Кто ни встречал его, все ему сочувствовали. 无论谁看见他,大家都同情他。

② Что ни рассказывали, он ничему не удивился. 不管人们讲什么,他对什么都不觉惊讶。

③ Куда́ мы ни приезжа́ли, везде́ нас горячо́ встреча́ли. 不管我们到了哪里，到处都受到热烈欢迎。

④ Ско́лько бы ни смотре́ть на мо́ре, оно́ никогда́ не надое́ст. 不管你观看大海多少次，它总是让你百看不厌。

⑤ Челове́к до́лжен труди́ться, ке́м бы он ни́ был. 一个人，无论他是谁，都应该劳动。

⑥ О чём ни спро́сишь его, у него́ всегда́ есть отве́т. 无论你问什么，他总有答案。

⑦ Как я ни стара́лся, я не вы́полнил зада́ния в срок. 无论我怎样努力，都未能按期完成任务。

⑧ Ско́лько бы я ни прожи́ла, я не забу́ду э́того. 无论我活到什么时候，都不会忘记这件事。

⑨ Кому́ он ни расска́зывал о свое́й иде́е, его́ не понима́ли. 不管他把自己的想法讲给谁听，大家都不能理解他。

⑩ Когда́ я ни приходи́л, его́ всё не́ было до́ма. 无论我什么时候来，他总是不在家。

32. 行为方法、程度度量连接词 так...（насто́лько...）（тако́й...），что
此类句表示现实存在的事实，除有程度意义之外，还兼有结果意味。指示词так接副词或单独与что搭配使用，насто́лько须接副词与что搭配使用，тако́й须接性质形容词与что搭配使用。如：

① Воло́дя занима́ется так упо́рно, что ско́ро зако́нчит свою́ курсову́ю рабо́ту. 瓦洛佳学习特别刻苦，很快就要完成学年论文了。

② Бы́ло так темно́, что в двух шага́х ничего́ не́ было ви́дно. 天黑得两步之外什么都看不见。

③ Он так ослабе́л, что не мо́жет держа́ться на нога́х. 他虚弱得站都站不住了。

④ Андре́й маха́л руко́й так, что я сра́зу уви́дел его́ в толпе́ встреча́ющих. 安德烈用力挥手，我在迎接的人群里一下子就发现了他。

⑤ Бы́ло насто́лько тепло́, что мы шли в лёгких руба́шках. 天气暖和到了我们一直都穿着薄薄的衬衫。

⑥ Он де́лает всё насто́лько хорошо́ и бы́стро, что остаётся то́лько удивля́ться. 他一切都做得这样好，这样快，令人只有惊叹的份。

⑦ Ты тогда́ был таки́м ма́леньким, что не мог вы́говорить да́же его́ и́мени. 你当时还很小，甚至连他的名字都叫不出来。

33. 程度连接词 так...чтобы

此类句除表示程度意义外,还兼有目的意味。当主句中用(не)так(таки́м о́бразом),(не)насто́лько,(не)доста́точно,сли́шком 等词时,从属句兼有结果意味。如:

① Я за́пер дверь так осторо́жно, что́бы никого́ не разбуди́ть. 我关门时特别小心,为的是不惊醒任何人。

② Он наро́чно сказа́л так гро́мко, что́бы все его́ слы́шали. 他故意大声说,好让大家都听见。

③ Я не так за́нят, что́бы не пойти́ сего́дня в кино́. 我还没忙到今天不能看电影的程度。

④ Я не так хорошо́ зна́ю э́ту пробле́му, что́бы выска́зывать по ней своё мне́ние. 我对这一问题的了解还不到对其发表自己意见的程度。

⑤ Он стара́лся говори́ть так, что́бы никто́ не заме́тил его́ волне́ния. 他说话时尽力不让任何人看出他的激动。

⑥ Он встал у доски́ таки́м о́бразом, что́бы все могли́ уви́деть напи́санное. 他站到了黑板侧面,以便大家都能看到黑板上写的东西。(此句中 таки́м о́бразом 相当于 так)

⑦ Ма́льчик не так хорошо́ пла́вает, что́бы принима́ть уча́стие в соревнова́ниях. 男孩游泳还没好到能参加比赛的程度。

⑧ Он не насто́лько бо́лен, что́бы ложи́ться в больни́цу. 他还没病到要住院的程度。

⑨ У нас сли́шком мно́го пробле́м, что́бы реша́ть их по одино́чке. 我们的问题太多了,一个人单独可解决不了。(此句中,что́бы 所引从属句揭示不能实现的事情。)

⑩ Мы сли́шком пло́хо зна́ем жизнь, что́бы рассужда́ть о ней. 我们对生活了解得很差,不能对生活发表什么议论。

34. 行为方法连接词 так...как

此类句表示主句的行为或性质与从属句的行为或性质在程度上相当(或不相当)。如:

① Чай был сде́лан то́чно так, как он люби́л. 茶正是按他所喜欢的那样制的。

② Как ска́зано, так и сде́лано. 怎么说的,就怎么做。

③ Он не так мо́лод, как мне показа́лось. 他不像我感觉得那样年轻。

④ Она́ де́лала всё так, как её учи́ли. 什么事情她都按教她的方法去做。

⑤ Я всё сде́лала так, как мне сове́товали. 我一切都按建议我的那样去做了。

⑥ Всё произошло́ не так, как я предполага́л(ожида́л). 一切都出乎我的预料。

35. 比较连接词 так...(как) бу́дто, так...сло́вно

此类句通过形象的比较来说明主句的行为发生的程度，бу́дто 和 сло́вно 单独使用时可以互换。如：

① Э́то бы́ло так давно́, как бу́дто не́ было. 这事发生得太久远了，仿佛从未发生过似的。

② Ты разгова́риваешь со мной так, бу́дто(сло́вно) се́рдишься на меня́. 你跟我谈话的态度，好像是在生我的气。

③ Я чу́вствую себя́ так, бу́дто(сло́вно) лечу́ куда́ — то. 我感觉自己好像是往哪儿飞似的。

④ У меня́ голова́ так си́льно боли́т, сло́вно(бу́дто) она́ трещи́т. 我头疼得好像要裂了。

⑤ О́ля произнесла́ э́ту фра́зу так, бу́дто(сло́вно) чита́ла стихи́. 奥利亚像读诗一样说出了这句话。

⑥ Вздохну́л так, сло́вно(бу́дто) с плеч у него́ свали́лась больша́я больша́я, невыноси́мо тяжёлая гора́. 他长出了一口气，仿佛从肩上卸下了一座很大很大、重得难以承受的山。

36. 比较连接词 как,(как) бу́дто, сло́вно, то́чно, чем

连接词 как, как бу́дто, сло́вно, то́чно 表示一种比喻，主句中不用指示词。如：

① Живо́й язы́к изме́нчив, как изме́нчива сама́ жизнь. 活的语言变化无穷，就像生活本身那样千变万化。

② Воло́дя сно́ва согласи́лся мне помо́чь, как помо́г в про́шлом семе́стре. 瓦洛佳又一次同意像上学期一样帮助我。

③ По́сле дождя́ ста́ло свежо́, как бу́дто вся земля́ сра́зу умы́лась. 雨后空气变得清爽了，好像整个大地一下子被冲刷过一样。

④ Он молчи́т, как бу́дто се́рдится. 他一声不响，好像在生气。

⑤ Ка́тя мне каза́лась си́льной, бу́дто она́ сейча́с была́ настоя́щей хозя́йкой. 我觉得卡佳很厉害，好像她现在成了真正的女主人一样。

⑥ О́зеро разлило́сь, сло́вно широ́кое мо́ре. 湖水涨得好似辽阔的大海一样。

⑦ Вся́кие слу́хи о нём за́мерли, то́чно он исче́з с лица́ земли́. 他杳无音信，似乎从地球上消失了。

主句中用比较级时，从属句用 чем，表示两个行为、状态、性质特征之间进行比较。如：

⑧ Он стал вы́ше, **чем** я ви́дел его́ год наза́д. 他比我一年前见到他时长高了。

⑨ Сего́дня холодне́е, **чем** бы́ло вчера́. 今天比昨天冷。

⑩ Он пришёл поздне́е, **чем** ну́жно. 他比该到的时间来得晚些。

37. 结果连接词 так что

连接词 так что 表示主句所述行为的结果，永远位于主句之后。如：

① Вы челове́к о́чень интере́сный, **так что** с ва́ми прия́тно разгова́ривать. 您是个很风趣的人，所以跟您聊天非常愉快。

② Он сказа́л всё, **так что** мне не́чего доба́вить. 他把一切都说了，因此我没什么可补充的。

③ В ко́мнате стоя́ло мно́го ме́бели, **так что** свобо́дного ме́ста почти́ не́ было. 屋子里放了许多家具，所以几乎没有空的地方。

④ У меня́ мно́го рабо́ты, **так что** в воскресе́нье мне не придётся отдыха́ть. 我有很多工作，因此星期天不能休息了。

⑤ На у́лице бы́ло о́чень шу́мно, **так что** пришло́сь закры́ть о́кна. 街上很吵，所以必须关上窗户。